LA FUNCIÓN ADMINISTRATIVA Y LAS FUNCIONES DEL ESTADO

CUATRO AMIGOS, CUATRO VISIONES SOBRE EL DERECHO ADMINISTRATIVO EN AMÉRICA LATINA

JAIME VIDAL PERDOMO
EDUARDO ORTÍZ ORTÍZ
AGUSTÍN GORDILLO
ALLAN R. BREWER-CARÍAS

LA FUNCIÓN ADMINISTRATIVA Y LAS FUNCIONES DEL ESTADO

Cuatro amigos, cuatro visiones
sobre el derecho administrativo
en América Latina

CUADERNOS DE LA CÁTEDRA
ALLAN R. BREWER-CARÍAS, DE DERECHO ADMINISTRATIVO
UNIVERSIDAD CATÓLICA ANDRÉS BELLO
Nº 30

Editorial Jurídica Venezolana

Caracas 2014

Cuadernos publicados

1. Allan R. Brewer-Carías, *Reflexiones sobre la Revolución Americana (1776) y la Revolución Francesa (1789) y sus aportes al constitucionalismo moderno*, Caracas 1992, 208 pp.

2. Carlos M. Ayala Corao, *El régimen presidencial en América Latina y los planteamientos para su reforma (Evaluación crítica de la propuesta de un Primer Ministro para Venezuela)*, Caracas 1992, 122 pp.

3. Gerardo Fernández V., *Los Decretos-Leyes (la facultad extraordinaria del Artículo 190, ordinal 8º de la Constitución)*, Caracas 1992, 109 pp.

4. Allan R. Brewer-Carías, Nuevas tendencias del Contencioso-Administrativo en Venezuela, Caracas 1993, 237 pp.

5. Jesús María Casal H., *Dictadura Constitucional y Libertades Públicas*, Caracas 1993, 187 pp.

6. Ezequiel Monsalve Casado, *Enjuiciamiento del Presidente de la República y de los Altos Funcionarios*, Caracas 1993, 127 pp.

7. Gustavo J. Linares Benzo, *Leyes Nacionales y Leyes Estadales en la Federación Venezolana (La repartición del Poder Legislativo en la Constitución de la República)*, Caracas 1995, 143 pp.

8. Rafael J. Chavero Gazdik, *Los Actos de Autoridad*, Caracas 1996, 143 pp.

9. Rafael J. Chavero Gazdik, *La Acción de Amparo contra decisiones judiciales*, Caracas 1997, 226 pp.

10. Orlando Cárdenas Perdomo, *Medidas Cautelares Administrativas (Análisis de la Ley Orgánica de Procedimientos Administrativos, la Ley sobre Prácticas Desleales del Comercio Internacional y la Ley para Promover y Proteger la Libre Competencia)*, Caracas 1998, 120 pp.

11. Roxana D. Orihuela Gonzatti, *El avocamiento de la Corte Suprema de Justicia*, Caracas 1998, 158 pp.

12. Antonio Silva Aranguren, *Los actos administrativos complejos*, Caracas 1999, 137 pp.

13. Allan R. Brewer-Carías, *El sistema de justicia constitucional en la Constitución de 1999, (Comentarios sobre su desarrollo jurisprudencial y su explicación, a veces errada, en la Exposición de Motivos)*, Caracas 2000, 130 pp.

14 Ricardo Colmenares Olivar, *Los derechos de los pueblos indígenas*, Caracas 2001, 264 pp.

15. María Eugenia Soto Hernández, *El proceso contencioso administrativo de la responsabilidad extracontractual de la Administración Pública venezolana*, Caracas 2003, 139 pp.

16. Fabiola del Valle Tavares Duarte, *Actos Administrativos de la Administración Pública: Teoría general de la Conexión*, Caracas 2003, 113 pp.

17. Allan R. Brewer-Carías, *Principios Fundamentales del Derecho Público*, Caracas 2005, 169 pp.

18. Augusto Pérez Gómez, *Actos de Origen Privado*, Caracas 2006, 266 pp.

19. Jaime Rodríguez Arana, *El Marco Constitucional de los entes Territoriales en España*, Caracas 2006, 185 pp.

20. Henry Jiménez, *Régimen Legal de Hidrocarburos y Electricidad*, Caracas 2006, 279 pp.

21. M. Gabriela Crespo Irigoyen, *La potestad Sancionadora de la Administración Tributaria, Especial referencia al ámbito local en España y Venezuela*, Caracas 2006, 320 pp.

22. Jaime Rodríguez-Arana, *Aproximación al Derecho Administrativo Constitucional*, Caracas 2007, 307 pp.

23. Jesús Antonio García R., *Glosario sobre regulación de servicios públicos y materias conexas*, Caracas 2008, 190 pp.

24. Ricardo Antela, *La Revocatoria del Mandato (Régimen jurídico del Referéndum Revocatorio en Venezuela)*, Caracas 2010, 167 pp.

25. Gonzalo Rodríguez Carpio, *El alcance de aplicación territorial del impuesto sobre sucesiones*, Caracas 2011, 106 pp.

26. Juan Domingo Alfonzo Paradisi, *El Régimen de los Estados vs. la Centralización de competencias y de Recursos Financieros*, Caracas 2011, 120 pp.

27. José Ignacio Hernández, *Introducción al concepto constitucional de Administración Pública*, Caracas 2011, 249 páginas.

28. Alfredo Parés Salas, *La responsabilidad patrimonial extracontractual*, Caracas, 2012, 130 páginas.

29. Gonzalo Rodríguez Carpio, *La denuncia del convenio CIADI efectos y soluciones jurídicas*, Caracas 2014, 89 páginas.

©   Jaime Vidal Perdomo, Eduardo Ortíz Ortíz,
Agustín Gordillo, Allan R. Brewer-Carías, 2014

Depósito Legal: lf5402014340731
ISBN: 978-980-365-250-0

Edición por: Editorial Jurídica Venezolana
Avda. Francisco Solano López, Torre Oasis, P.B., Local 4, Sabana Grande,
Apartado 17.598 – Caracas, 1015, Venezuela
Teléfono 762-25-53 / 762-38-42/ Fax. 763-52-39
Email fejv@cantv.net
http://www.editorialjuridicavenezolana.com.ve

Impresión: Lightning Source, a INGRAM Content company
Distribución por: Editorial Jurídica Venezolana International Inc.
Panamá, República de Panamá.
editorialjuridicainternational@gmail.com

Diagramación, composición y montaje por: Francis Gil, en letra
Book Antiqua 12,5 Interlineado Single, Mancha 18 x 11,5

Libro: 22,9 x 15,2 cm 6 x 9 inch

ÍNDICE GENERAL

CAPÍTULO VIII
ACCIÓN ADMINISTRATIVA, FUNCIÓN Y ACTOS ADMINISTRATIVOS

LA ADMINISTRACIÓN PÚBLICA Y LAS FUNCIONES DEL ESTADO
Eduardo Ortíz Ortíz

LAS FUNCIONES DEL PODER
Agustín Gordillo

LAS FUNCIONES DEL ESTADO, LA FUNCIÓN ADMINISTRATIVA, Y LAS ACTIVIDADES ESTATALES
Allan R Brewer-Carías

A MODO DE PRESENTACIÓN

Cuatro amigos comenzamos hace cinco décadas a recorrer un camino común en el derecho administrativo en América Latina.

En cada uno de nuestros países –Argentina, Colombia, Costa Rica y Venezuela– nos correspondió ser el relevo académico de una generación precedente, y tener la responsabilidad, no buscada, de iniciar una nueva etapa del derecho administrativo en cada uno de ellos, en la cual fuimos actores.

Uno de los amigos ya no está entre nosotros. Nos dejó tempranamente, pero después de haber compartido no sólo décadas de experiencia e intercambio académico, sino la propia idea de este libro en común. Por ello seguimos hablando de los cuatro.

Hicimos muchos proyectos, algunos concretados y otros no.

Cuando en los sesenta cada uno de nosotros comenzó a desarrollar sus trabajos de investigación, para lo cual al inicio, como era lógico, tuvimos como puntos de referencia doctrinal, además de los administrativistas anteriores de nuestros países, a los de Francia, Alemania, Italia y España de cuyas doctrina nos habíamos nutrido; todos comenzamos a ampliar nuestras primeras investigaciones hacia la doctrina latinoamericana, y todos fuimos tomando conocimiento de que también en los otros países de América Latina, otros estaban en la misma tarea de ampliar horizontes.

Surgió entonces el desiderátum de establecer contacto entre nosotros. Era todavía la época en la cual uno se comunicaba por correspondencia, mediante cartas que se escribían a mano o a máquina, y se enviaban por correo ordinario. La limitante de la impersonalidad de esas comunicaciones, logramos superarla por los casuales contactos personales que se realizaron entre nosotros, con ocasión de viajes programados para otros motivos. Así, el primero de ellos se produjo cuando con ocasión de un viaje que Brewer realizó a Buenos Aires en marzo de 1967 para asistir a un *Seminario sobre Aspectos Jurídicos de la Integración para Profesores de Derecho* organizado en el viejo Instituto para la Integración de América Latina (INTAL), llamó, además de a otros profesores de derecho administrativo de Buenos Aires, a Agustín Gordillo, quién era el más destacado de los jóvenes administrativistas argentinos del momento, quedando desde entonces establecida la amistad y comunicación permanente con Agustín.

Con el eje Caracas-Buenos Aires establecido, los contactos siguieron, y el paso siguiente fue en Bogotá, en noviembre de 1969, cuando Brewer, después de haber asistido como Observador por Venezuela a la *Conferencia de Cancilleres del Grupo Andino*, en Lima, viajó por iniciativa del canciller López Miquelsen para una entrevista con el Presidente Carlos Lleras Restrepo, en Bogotá. En el Palacio de San Carlos, el 23 de noviembre de 1969 tuvo la fortuna de ser recibido, no sólo por el Presidente, sino además por dos de los más destacados jóvenes administrativistas colombianos que quería conocer, Jaime Vidal Perdomo, quien era precisamente Secretario Jurídico de la Presidencia, y Jaime Castro, quien era Secretario Administrativo de la misma. Juntos participamos en una memorable visita que el Presidente Lleras nos guió por la Casa de El Florero, con ocasión de la Fundación que acababa de establecer para su preservación. Desde entonces quedó establecida la amistad y comunicación permanente particularmente con Jaime, agregándose Bogotá al eje Caracas-Buenos Aires.

Al año siguiente, y con ocasión de asistir al *Primer Seminario Regional de Reforma Administrativa* organizado por el Instituto Centroamericano de Administración Pública (ICAP), en San José de Costa Rica, en julio de 1970, Brewer entró en contacto con los también destacados jóvenes profesores de derecho administrativo de San José, Eduardo Ortíz Ortíz y Rodolfo Pisa Escalante. Desde entonces también entabló estrecha amistad y comunicación con ambos, especialmente con Eduardo en el campo del derecho administrativo. Quedó así establecido el eje Buenos Aires-Bogotá-Caracas-San José para el desarrollo del derecho administrativo latinoamericano.

Lo que siguió fue la tarea común de buscar un encuentro personal entre los cuatro, lo que se concretó poco tiempo después, en Caracas, cuando Brewer, quien presidía la *Comisión de Administración Pública* de la Presidencia de la República de su país, los convocó para un encuentro para estudiar el tema del régimen de las empresas públicas, de tanta importancia en nuestros países. De resto, durante los lustros que siguieron continuamos ampliando los contactos con todos los administrativistas latinoamericanos, comenzando entonces a desarrollarse Seminarios, Jornadas y Congresos en los diversos países, a los cuales fueron progresivamente incorporándose otros profesores amigos, con Bogotá y Caracas como sede a la cabeza, todos bajo el manto de la *Asociación Internacional de Derecho Administrativo* que constituimos, y que fue el origen de todos los intercambios académicos posteriores, en los cuales se incluyó a los administrativistas españoles, y de todas las Asociaciones de Profesores de Derecho Administrativo que se establecieron posteriormente, y que hoy existen en Iberoamérica.

Muchos proyectos tuvimos los cuatro amigos que habíamos iniciado toda esa actividad de intercambio, y entre ellos estaba el de publicar un libro con trabajos de los cuatro.

Este libro es, por tanto, uno de esos proyectos que siempre tuvimos, pero que nunca hasta ahora logramos concretar.

Su contenido, sobre el tema de las funciones del Estado y de la función administrativa, sabemos que es como volver al pasado, o empezar por las fuentes, en fin, tomar el objeto de conocimiento del derecho administrativo.

Todos hemos dedicado energías y tiempo al problema del que ninguno nos arrepentimos, pero todos coincidimos en que se trata de un problema realmente insoluble. Dicho de otra manera, ninguno ha logrado resolverlo hasta ahora y de acuerdo con la experiencia y a la materia a analizar, parece bien poco probable que alguien le encuentre una solución satisfactoria. Sólo aproximaciones, esto es todo lo que alguien puede hacer. Al menos es lo que nosotros pudimos hacer.

Por ello, en ocasión de presentar nuestras cuatro visiones del problema ya no intentamos actualizar ni repensar el tema que hemos pensado toda la vida, inevitablemente.

Sólo nos queda contar cómo lo hemos visto cada uno, desde el comienzo y aún ahora, cuando ya el camino se cierra para todos.

Quizás nuestra preocupación máxima a esta hora no sea ilustrar ni menos convencer a nadie, sino quizás transmitir la experiencia de haber encontrado, al comienzo y en el centro mismo de la disciplina, un problema insoluble.

Quizás esto le sirva a algunos para evitar recorrer el mismo camino con el mismo resultado: cada vez distinto, sin duda, pero nunca satisfactorio para todo el mundo o para la doctrina de todo un país.

Creemos que es un buen comienzo, éste de la humildad y el fracaso, para contar una suerte de bibliografía viviente de nuestros comienzos metodológicos, décadas ha.

El contenido de los cuatro capítulos sobre un tema clásico, muestra sin duda ideas debatibles, pero nos pareció desde que concebimos la idea originaria, que lo más importante era que los cuatro publicáramos juntos nuestros enfoques sobre un mismo tema.

Son, en fin, nuestros enfoques clásicos sobre un tema clásico, los enfoques de cuatro amigos, pero no por ello menos válidos ni de menor interés para el análisis comparativo, aunque sea de los autores y no necesariamente de los sistemas normativos.

Febrero 2014

SOBRE LA FUNCIÓN ADMINISTRATIVA

Jaime Vidal Perdomo

Tomado de los Capítulos IV y VIII de su *Derecho Administrativo*, Décima Tercera Edición. Legis Editores S.A. Bogotá, 2008. *

CAPITULO IV

LA ORGANIZACIÓN ADMINISTRATIVA DEL ESTADO Y LA FUNCIÓN ADMINISTRATIVA

En este libro se ha mencionado (capítulo anterior) la organización administrativa general, resultante de los tres principales modelos de organización del Estado en función del territorio. Definido como ha sido el modelo centralista o unitario con descentralización administrativa desde la Constitución de 1886 hasta ahora, se desprenden de allí tres niveles de administración: el nacional o del conjunto (administración del Estado también que cubre todo el territorio de Colombia), el departamental y el municipal (al

* Le agradecemos a los profesores Libardo Rodríguez, y Consuelo Sarria, toda su ayuda en la procura de la digitalización del texto, a nuestra querida amiga Clara de Vidal, por su gestión en autorización de Legis Editores SA., para su publicación.

cual debe asimilarse el de los distritos); debe anotarse que al convertirse las antiguas Intendencias y Comisarias en departamentos (art. 309 de la Constitución) quedaron únicamente los tres niveles indicados.

Hasta aquí van envueltos dos principios constitucionales: el del modelo de Estado y el de la descentralización, claves en cuanto a la organización administrativa del Estado y el estudio de la función administrativa.

Pero para una mejor comprensión de los dos objetivos señalados, conforme al nombre del capítulo, debe hacerse el repaso de otros principios constitucionales y de otras cuestiones que están en manos de la ley, a saber: ramas y órganos del poder, la rama ejecutiva del poder público, la estructura de la administración, la distinción entre la administración ordinaria y los organismos con estatuto propio o régimen legal especial, y las reformas administrativas.

Dos advertencias deben hacerse en este momento; que la organización administrativa que va a exponerse a continuación y el funcionamiento administrativo que de allí se derivan son consecuencia del modelo del Estado adoptado desde 1886 y del sistema presidencial; en cuanto a la función administrativa propiamente dicha, se vuelve sobre ella en capítulo posterior (VIII) al tratar de la acción administrativa y de la producción de actos administrativos, que es una manifestación muy viva de esa función.

La segunda observación es que si buena parte de los temas que van a desarrollarse son consubstanciales al régimen político-administrativo colombiano, ellos fueron ampliados y sistematizados con las reformas constitucional y administrativa de 1968, fecha que indica una época de preocupaciones sobre el mejoramiento de la administración pública y de progreso del derecho administrativo colombiano; naturalmente que las referencias normativas se harán a la Constitución de 1991 y a la Ley 489 de 1998, que son los estatutos vigentes principales en la temática anunciada.

1. *La teoría de la separación de los poderes y las ramas. Generalidad de la función administrativa*

Es al derecho constitucional al que concierne el estudio de esta teoría y la de la colaboración de los poderes. Sin embargo, por ella debe pasarse para entrar en el estudio de la organización administrativa del Estado, tomándola en el sentido jurídico que se le otorga comúnmente.

El artículo 113 de la Constitución colombiana dispone que son ramas del poder público la legislativa, la ejecutiva y la judicial (antes jurisdiccional). A partir de allí se designan los integrantes de cada una de ellas, y sus funciones principales.

Del Congreso de la República se dice en el artículo 114 que le corresponde reformar la Constitución, hacer las leyes y ejercer el control político sobre el gobierno y la administración. Lo integran el Senado y la Cámara de Representantes.

En cuanto a la rama judicial, se afirma que la Corte Constitucional, la Corte Suprema de Justicia, el Consejo de Estado, el Consejo Superior de la Judicatura, la Fiscalía General de la Nación, los tribunales y los jueces administran justicia (art. 116).

En el caso del Congreso, coincide muy bien el cuerpo legislativo con las tareas que le están asignadas. Ellas le competen con exclusividad y sólo él las ejerce. En circunstancias especiales (estado de guerra o conmoción interior, o de emergencia, de los arts. 212 y ss.), el Presidente de la República y los ministros son llamados a tomar medidas de carácter legislativo, limitadas en el tiempo y en sus efectos.

La responsabilidad estatal de administrar justicia se cumple de manera menos excluyente, como lo demuestra el artículo 116. El Congreso tiene ciertas funciones judiciales y la justicia penal militar se presta por funcionarios que hacen parte de la rama ejecutiva.

Inclusive, se prevé de manera excepcional que se pueda atribuir función judicial en materias precisas a autoridades administrativas, y que particulares puedan estar investidos transitoriamente de ella como árbitros o conciliadores, posibilidad que se ha aumentado últimamente por la crisis de la justicia y el impulso de los denominados métodos alternativos de solución de conflictos. También debe anotarse acá que por la Ley 446 de 1998 se confiaron funciones jurisdiccionales a algunas superintendencias, lo cual implica una novedad que debe analizarse con detenimiento.

La función administrativa tiene menos razones para ser excepcional: está subordinada a la ley y no pone en juego valores como los que tiene a su cargo la justicia; desde el punto de vista de su sustancia, ella está presente en la acción de todas las ramas del poder, bien en cuanto significa ejecución de la ley, como en la atención de ciertos servicios indispensables para su funcionamiento (piénsese en la necesidad de reclutar personal, celebrar contratos para adquirir ciertos bienes, en su presupuesto, etc.).

Los actos jurídicos que se producen con ocasión de la función administrativa (reglamentos, actos administrativos, instrucciones, circulares, por ejemplo), son siempre de categoría inferior a la ley y no tienen el contenido de las sentencias judiciales. No es cuestión de menor importancia, es precisamente producto de la diferenciación de los cometidos estatales.

De ahí por qué su identificación orgánica (en razón del órgano o autoridad que los profiere) sea más compleja y los actos que en desarrollo de la función administrativa se dictan (actos administrativos en general) sean más numerosos y comunes que las leyes y las sentencias judiciales.

2. *Ramas y órganos del poder público*

Después de esta descripción de las tres ramas del poder público, su integración y las funciones anejas a ellas, se pasa a ver cómo contempló la Constitución de 1991 el tema de los órganos.

Según el artículo 113, en dos sentidos: como partes integrantes de las ramas, y como órganos o cuerpos separados. En la primera acepción puede decirse que el Senado y la Cámara de Representantes son órganos de la rama legislativa; la Corte Constitucional de la judicial, etc.

En la segunda, que ofrece mayor interés, los elementos calificadores que se proveen por la norma citada son los de la autonomía e independencia, y el cumplimiento de las otras funciones del Estado. Esto significa que además de las responsabilidades estatales que se atienden por conducto de las tres ramas, existen aquellas confiadas a los órganos, de todos los cuales se predica su separación y colaboración.

El artículo 117 se encarga de identificar una función de control, desempeñada por la Contraloría General de la República y el ministerio público; a renglón seguido advierte qué autoridades hacen parte de este último.

La calificación de independencia y autonomía se refiere exclusivamente a que los órganos citados no hacen parte estructural de una rama, pero no puede eximir, obviamente, de la sujeción a la ley, a los decretos reglamentarios –si son pertinentes- ni a las decisiones judiciales.

La autonomía marca una pauta de no pertenencia a la rama ejecutiva, a la cual, por virtud de la índole principalmente administrativa de las funciones de la Contraloría y la Procuraduría, había tendencia a asimilarlos. Su objetivo puede comprenderse bien recordando el artículo 142 de la Constitución anterior, que señalaba que el ministerio público se ejercía bajo la suprema dirección del gobierno, aunque así no ocurriera en la realidad.

Se ve un propósito de superar con la noción de órganos, al lado de las ramas, la estrechez de la teoría clásica de la tridivisión del poder. Debe advertirse que en el pasado el profesor *Álvaro Copete Lizarralde* había sostenido en Colombia la necesidad de la existencia de una cuarta rama dedicada a la tarea de control. La pregunta que surge es ¿por qué no se dio el mismo tratamiento de órgano a la organización electoral (art. 120), en la cual se encuentran los mismos requerimientos de autonomía que en la Procuraduría y en la Contraloría?

Algunas consecuencias jurídicas se derivan de la utilización de los términos "rama" u "órgano. Por ejemplo, el artículo 355 define que ninguna de las *ramas* u *órganos* del poder podrá decretar auxilios o donaciones a personas naturales o jurídicas de derecho privado. De su lado, el artículo 346 emplea la expresión *rama* para la inclusión de partidas en la ley de apropiaciones del presupuesto nacional, cuando ha debido agregar la de *órganos*.

3. Rama ejecutiva del poder público

Después de haber visto el esquema de la organización del poder público que aporta la Constitución de 1991, se debe ir descendiendo hacia los campos más propios del derecho administrativo. El paso que viene es el del examen de la rama ejecutiva. Aquí también se mezclan aspectos que tienen que ver con la forma como ella está estructura con los funcionales, o sea el modo de ejercer sus atribuciones.

Dejando para el capítulo siguiente el análisis de la noción de gobierno, y la impropiedad del artículo 115 de incluir dentro de la rama ejecutiva a las gobernaciones y alcaldías y a las empresas industriales del Estado, ahora veremos las autoridades que hacen parte de ella y otras que no están mencionadas en el mismo sitio.

El Presidente de la República, los ministros y los directores (antes jefes) de los departamentos administrativos pertenecen a la rama ejecutiva. El artículo 115 añade las autoridades departamentales y municipales indicadas, las superintendencias, los establecimientos públicos y como ya se advirtió, las empresas industriales y comerciales del Estado.

Parece que la lista se interrumpiera allí; sin embargo, no es así. El artículo 354 define que el contador general es un funcionario de la rama ejecutiva. La precisión es útil. Antes la contabilidad de la nación la llevaba un órgano ajeno a ella, la Contraloría General de la República, lo cual es singular. La reforma constitucional de 1968 advirtió esa incoherencia y autorizó a la ley para determinar quién debía llevar las cuentas generales, en el sentido de que debía ser una tarea interna de la administración pública.

La Asamblea Constituyente zanjó bien la discusión, pero quedó mal el hacer clasificaciones incompletas en el artículo 115.

El tema se retoma en el título VII, a partir del artículo 188, pero no con entera fortuna. Se declara incorporada a la rama ejecutiva la fuerza pública –siempre estuvo ahí-, compuesta por las fuerzas militares y la Policía Nacional. La subordinación de ella al Presidente de la República es expresa en el artículo 189.3, en el cual se le faculta a este último para dirigir la fuerza pública y disponer de ella como comandante supremo; también le corresponde conferir grados a los miembros de la fuerza pública y someter otros a la aprobación del Senado (art. 189.19).

Dentro de la rama ejecutiva se ubican prerrogativas gubernamentales como las de los estados de excepción (arts. 212 y ss.), que si bien se ejercen por personas adscritas a ella, tienen como características la adopción de medidas de carácter legislativo, que pueden suspender o reemplazar normas de esa naturaleza.

Están allí también las facultades de dirección de las relaciones internacionales, que no corresponden exactamente a las de suprema autoridad administrativa que atribuye la

Constitución al Presidente, sino a las de su condición de jefe de Estado.

Desde otro punto de vista, organismo o entidades que, con un espíritu de sistema propio del derecho, hubieran podido entrar en la rama ejecutiva o ser referidos a ella, aparecen sueltos en diferentes disposiciones constitucionales.

La Comisión Nacional del Servicio Civil figura en el artículo 130; la Corporación Autónoma Regional del Río Grande de la Magdalena, a la cual no se le denominó "establecimiento público" –como era debido-, en el artículo 331; el Consejo Nacional de Planeación, en el 340; la Superintendencia de Servicios Públicos Domiciliarios, en el 370; el Banco de la República en el 371.

Aun en las disposiciones transitorias, en que abundó el constituyente de 1991, aparecen organismos que deben ser mencionados en relación con la rama ejecutiva, como el Fondo de Solidaridad (art. 46), la Comisión Nacional de Valores (art. 52), -que debe volverse superintendencias-, y una comisión para lo laboral (art. 57). Un aspecto curioso es que en el artículo 34 de dichas disposiciones transitorias se prevén funciones que buscan impedir que dineros provenientes del tesoro público o del exterior se usen en campañas electorales, sin dar el nombre del cargo; posteriormente se le denominó "veedor del tesoro", y tuvo mucho que ver en la discusión sobre los auxilios parlamentarios; desapareció luego por el cumplimiento del término constitucional.

De estas deficiencias se aprecian las limitaciones constitucionales para clasificar, y que mejor hubiera sido intentar dejar a la ley este encargo. Un proceder correcto fue aclarar que la Fiscalía General (art. 249) pertenece a la rama judicial, lo cual no es así en los países anglosajones fundadores, donde se ha venido aplicando con éxito el sistema acusatorio en lo penal; de allí se origina la nueva institución entre nosotros.

Otra observación es que la teoría de los órganos puede dar lugar a una singular teoría de la organización del Estado que le haga perder a éste la cohesión que debe tener para el cumplimiento de sus funciones, que son de él y no de los instrumentos a través de las cuales se puedan cumplir. Un ejemplo de esa posición extrema es la Sentencia C-732 de 26 de mayo de 1999 de la Corte Constitucional, que declaró inconstitucional la integración de la Comisión Nacional del Servicio Civil prevista en la Ley 443 de 1998 "sin sujeción al gobierno", especificando que dicha Comisión debe tener la jerarquía de un órgano autónomo permanente, lo que llevó al Gobierno del presidente Álvaro Uribe a proponer la derogatoria del artículo 130 de la Constitución.

También debe tenerse en cuenta para la identificación de la rama ejecutiva, después de las normas constitucionales, las de carácter legal; ahora, la Ley 489 de 1998, cuyo artículo 38 versa sobre la integración de la rama ejecutiva del poder público, que designa los organismos y entidades que la componen. A continuación el artículo 39 de la ley define la integración de la Administración Pública, concepto que es más amplio que el de rama, pues comprende la administración departamental y municipal como lo explica el inciso 4 de ese artículo.

[omissis]

8. La función administrativa

Desde el comienzo de este curso se dijo que el derecho administrativo está íntimamente ligado a la noción de administración, entendida está de manera amplia como organización (estructura) y actividad. En este capítulo hemos ensayado incorporar elementos que ayuden a visualizar ese enfoque; algunos de esos elementos proceden de la constitución, otros de la ley, otros de las modalidades que puede adquirir la actividad administrativa. En algunos momentos la preocupación sobre los aspectos organizativos toma ventaja sobre los temas de la actividad, como cuando se emprenden reformas administrativas que buscan mejorar el esquema del aparato administrativo.

Se ha dicho también que en esta visión se mezclan ingredientes jurídicos propiamente dichos y otros que pertenecen más al campo político (teoría de la separación de las ramas y de los órganos); que existen otros que dependen más de técnicas organizativas que de criterios jurídicos (como la estructura interna de los ministerios, departamentos administrativos y establecimientos públicos, por ejemplo), y hacen parte de ese nuevo ramo de conocimiento del Estado como es la ciencia administrativa.

Algunas entidades u organismos han identificado dentro del aparato administrativo estatal esas preocupaciones por una mejor organización y funcionamiento administrativos, como la Secretaría de Organización e Inspección de la Administración Pública (Decreto-Ley 2813 de 1968) que para marcar su importancia fue parte de la Presidencia de la República; y la Escuela Superior de Administración Pública (Esap), encargada justamente de estudiar académicamente los asuntos relacionados con esos propósitos.

Debe recordarse que ahora el conjunto de materias sobre organización y funcionamiento de la administración nacional debe estudiarse a la luz de la Ley 489 de 1998, gestora de una reforma administrativa y autora de una preceptiva sobre la función administrativa que es indispensable examinar en sus aspectos más relevantes.

De modo que antes de pasar a hacer una síntesis o teoría de lo que puede ser la función administrativa en Colombia se debe emprender un estudio de la Ley 489 de 1998 dentro de esa perspectiva.

9. La Ley 489 de 1998

La Ley 489 de 1998 es el estatuto actual de mayor importancia para el estudio del derecho administrativo colombiano, en el campo que el artículo 228 de la Constitución Política llama el "derecho sustancial". En el terreno de lo procedimental o adjetivo, esa primacía la tiene el Código Contencioso- Administrativo (Decreto-Ley 1 de 1984), con sus reformas de manera que si bien esos dos estatutos no agotan la materia de la disciplina que estamos examinando sí cobijan un buen porcentaje de su contenido temático.

La Ley 489 de 1998 derogó expresamente (art. 121) la legislación básica de 1968 (Decretos 1050 y 3130 de aquel año y su complemento en entidades descentralizadas por servicios, el Decreto-Ley 130 de 1976), que cumplía similar tarea de derecho sustancial, de modo que con ella y el Código Contencioso se puede decir que el derecho administrativo colombiano está en buena parte "codificado".

La Ley fue fruto del trabajo preparatorio de equipos de gobierno durante las administraciones de los presidentes César Gaviria, Ernesto Samper Pizano y Andrés Pastrana

Arango, y responde, según presentación oficial del Director del Departamento Administrativo de la Función Pública de este último gobierno, a una nueva realidad jurídica e institucional consecuencia de tres factores principales: "la entrada en vigencia de la Constitución de 1991; la transformación sustancial de la economía mundial afectada por la globalización, la apertura y la internacionalización de los mercados, y la transformación de la administración pública que ha tenido que incorporar en su ámbito institucional propias de la gerencia que antes se consideraron un patrimonio exclusivo y excluyente del sector privado", según texto citado en la bibliografía de la Biblioteca Jurídica Diké.

Dos cuestiones iniciales van a examinarse ahora de la Ley 489 de 1998: la disposición de la ley de acuerdo con su contenido general; en segundo término, las definiciones que ella trae y que tienen incumbencia con el desempeño de la función administrativa, materia de este capítulo. Otras cuestiones de la ley se verán en los compartimientos temáticos que este libro tiene abiertos para el estudio sistemático del derecho administrativo desde hace varias décadas; así, por ejemplo, la organización administrativa que se desprende de ella se verán a continuación en el Capítulo V de este libro.

9.1. *Contenido General de la Ley*

En sus 121 artículos la ley analizada deroga la legislación anterior sobre la materia, se extiende a temas nuevos y amplía algunos de los que se habían tratado anteriormente.

Son nuevas algunas cuestiones que pertenecen más a la ciencia de la administración o a políticas administrativas que a las prescripciones jurídicas.

Esto se puede predicar, en principio, de los capítulos 4 a 9 de la ley, que versan sobre "sistema de desarrollo administrativo", "incentivos a la gestión pública", "escuela de alto gobierno", "democratización y control social de la administración pública", y "sistema general de información administrativa del sector público". Esto no implica que carezcan de influencia sobre la buena marcha administrativa puesto que están dirigidos hacia ella, ni que no contienen ingredientes jurídicos, pero sí los tienen en menor cantidad menos que los otros capítulos que sí regulan materias propias del derecho. Ese menor contacto con el derecho se observa al leer que se trata de programas administrativos, que pueden ser objeto de disposiciones reglamentarias y que de pronto no demandan norma jurídica alguna. Sobra decir que para el caso se toma la ley bajo el sentido de la bella definición del artículo 4° del Código Civil de "declaración de voluntad soberana manifestada en la forma prevenida en la Constitución Nacional. El carácter general de la ley es mandar, prohibir, permitir, o castigar". Y en el sentido constitucional de la cláusula general de competencia de "expedir las leyes que regirán el ejercicio de las funciones públicas y la prestación de los servicios públicos" (art. 150.23).

En cambio, son temas principales de la ley, desde el ángulo del derecho administrativo, los contenidos en los capítulos primero a tercero, décimo (estructura y organización de la administración pública), undécimo (creación, fusión, supresión y reestructuración de organismos y entidades), duodécimo (Presidencia de la República, ministerios, departamentos administrativos y superintendencias), decimotercero (entidades descentralizadas), decimocuarto (sociedades de economía mixta), decimosexto (ejercicio de funciones administrativas por particulares), y decimoséptimo, disposiciones finales, dentro de las cuales está el otorgamiento al gobierno de facultades extraordinarias), que se ventilarán en los capítulos siguientes de esta obra de acuerdo con la materia estudiada.

En la mayor parte de los capítulos reseñados se reemplazan las disposiciones de 1968, con fundamento en las nuevas normas de la Constitución de 1991 y los criterios adoptados por el legislador para la ocasión; en una visión panorámica puede decirse que se mantiene la preceptiva jurídico-administrativa de 1968 trasvasándola a la nueva ley, para luego derogar los textos inspirados. En otros casos se quiere innovar definiendo instituciones como la delegación (art. 9° de la ley), y las condiciones para el ejercicio de funciones administrativas por particulares (art. 110), lo cual es más propio de análisis académicos y de la doctrina de los autores que de las prescripciones del derecho; si bien es loable el deseo de sistematizar, en campos donde interviene la ley para realizar el fenómeno de la descentralización o de la desconcentración, la teoría puede quedar muy rápidamente alterada por la ley del caso porque el estatuto de 1998 no impone obediencia en el punto, sin que ello desconozca el valor doctrinal de la ley comentada.

9.2. *Los aportes a la noción de función administrativa*

Dijimos que además de la descripción general de la Ley 489 de 1998 como primera aproximación para su verdadero conocimiento, nos detendríamos en los aspectos más conceptuales que tuvieran que ver con la idea de la función administrativa en Colombia, que es meta de este capítulo.

La primera observación que cabe hacer es que el título de la ley precisa que su alcance se limita a las entidades nacionales, a pesar de que ella misma define que se extiende a ciertas materias del orden departamental y municipal (par. del art. 2°); el enunciado del título también se queda corto en cuanto que los principios y reglas que la ley trae no se limitan a las atribuciones de los numerales 15 y 16 del artículo 189 de la Constitución Política, puesto que cubren un ámbito mayor, como ya ha sido presentado.

En cambio, resulta ambicioso frente a estas restricciones, el objeto de la ley individualizado en el artículo 1°, que es nada menos que el ejercicio de la función administrativa, de toda ella, sin consideración al órgano que la cumple – como el legislativo y el judicial-, pudiera pensarse, pero no es así puesto que el funcionamiento se recorta para la "administración pública ", que más que a la actividad en general se refiere a la organización que gira en torno de la rama ejecutiva.

Así parece confirmado el artículo 2° de la ley cuando delimita el ámbito de aplicación de la ley a todos los organismos y entidades de la "rama ejecutiva del poder público". No obstante, enseguida se extiende el ámbito a la administración pública, y a los servidores públicos en las hipótesis descritas, y a los mismos particulares. O sea que puede reinar incertidumbre sobre el ámbito de aplicación de la ley y de la noción misma de la función administrativa, cuando ya existen otros conceptos de por medio, los de rama ejecutiva y administración pública, que obligan a volver sobre ellos para buscar un contorno más preciso de la función administrativa en Colombia.

9.2.1. *Definición provisional de función administrativa*

La Ley 489 de 1998 no contiene una definición clara y suficiente de la función administrativa, como se desprende de lo expuesto hasta el momento; esto no mengua la importancia de la ley, puesto que ocurre con frecuencia al legislador, y las definiciones provienen más de la doctrina y del análisis jurisprudencial, por la extensión que pueden asumir las cosas y las consideraciones que van ciñendo las nociones para que vayan adquiriendo sus contornos y comunicando claridad al pensamiento.

No obstante, en Colombia es indispensable pasar por la Ley 489 para marchar hacia el concepto de función administrativa; por el momento debemos contentarnos con la exigencia o la presencia de varios elementos que pueden contribuir a una futura definición.

Entre los elementos derivados del estatuto de 1998 están, entre otros: la vinculación a la rama ejecutiva del poder público, tal como se configura en la tridivisión del poder de acuerdo con los criterios del Capítulo V de la Constitución de 1991 no solamente por los términos de la ley sino que por función administrativa puede entenderse la que se cumple a través de los organismos que se consideran integrantes de la rama ejecutiva del poder.

Sin embargo, desde la ley aparece una noción de función administrativa más amplia, ligada a la noción de administración pública, que puede comprender a los órganos de control como las contralorías y la Procuraduría General de la Nación, que no ingresan fácilmente dentro del concepto de rama ejecutiva; pasa otro tanto con las administraciones departamentales y municipales que por virtud del principio de la descentralización no entran bien dentro del concepto de rama ejecutiva que se refiere a organismos nacionales; la misma consideración juega con respecto a empresas industriales y comerciales y sociedades de economía mixta, que no es propio ponerlas dentro de la rama ejecutiva puesto que no ejercen funciones de poder o autoridad del Estado.

9.2.2. *Concepto extensivo de función administrativa*

Normalmente coincide la naturaleza del órgano con la naturaleza de la función que ejerce; así, el Congreso de la República está catalogado como la rama legislativa y ejerce la función legislativa, casi como monopolio suyo.

En el artículo 116 se mencionan organismos que hacen parte de la rama judicial y administran justicia, aunque también allí se contemplan las excepciones. La Fiscalía General de la Nación se cataloga como parte de la rama judicial (art. 249).

A pesar de lo anterior, existen circunstancias en que se quiebra esa relación órgano-función, como cuando el gobierno ejercer funciones legislativas en los eventos de los estados de excepción (arts. 212 y siguientes de la Constitución). La propia Constitución habla de los servicios administrativos y técnicos de las Cámaras Legislativas (art. 150.20). La Ley 5ª de 1992 (reglamento del Congreso), tiene una parte dedicada (arts. 381 y ss.) a definir la organización y el funcionamiento pertinentes.

Para no abandonar el acento puramente descriptivo y entrar en aspectos de fondo que se analizarán más adelante, puede colegirse de la exposición traída hasta acá que actividad o función administrativa se presentan en las tres ramas del poder público, aunque hay una de ellas que está especialmente consagrada a dicho menester.

La concepción extensiva de la función administrativa se hace patente en la Ley 489 de 1998 donde el capítulo décimo sexto se titula "ejercicio de funciones administrativas por particulares" (arts. 110 u ss.).

9.2.3. *La noción formal u orgánica y la noción material de función administrativa*

Los desarrollos que preceden nos han puesto enfrente de la existencia de tres funciones del Estado: la función legislativa, la función jurisdiccional o judicial y la función administrativa. Como se advierte de la lectura de los textos de derecho constitucional y derecho administrativo, esta es una división tradicional, consecuencia de la división tripartita de los poderes estatales.

A pesar de la simplicidad del planteamiento, él nos pone en las puertas de grandes estudios doctrinales, como lo apunta el profesor *André De Laubadère,* el de la teoría de la función administrativa, que a su modo de ver tiene dos vertientes principales: la de la doctrina alemana de los viejos autores de fin de siglo XIX y comienzos del siglo XX (Jellinek y Laband, principalmente), y la más cercana de la Escuela de Viena (H. Kelsen y A. Merkl), y la francesa de León Duguit y Carré de Malberg.

Entendidas como funciones jurídicas, las tres funciones estatales se distinguen por la naturaleza de los actos cumplidos alrededor de ellas; actos legislativos, jurisdiccionales y administrativos, aunque no se excluyan de éstos los actos materiales, que aparecen al lado de los actos jurídicos y a veces para completarlos o concretarlos.

De ahí se desprende que los actos jurídicos púbicos y las funciones mismas del Estado pueden distinguirse desde dos puntos de vista, formal u orgánica, que solamente toma en consideración –agrega De Laubadère- al autor del acto, y el punto de vista material, que reflexiona sobre la naturaleza interna del acto.

Existen así una noción formal y una noción material del acto administrativo, pero las dos nociones no coinciden, tampoco con respecto a los actos legislativos y jurisdiccionales.

En el pensamiento de De Laubadère –uno de los administrativistas más importantes de Francia del siglo pasado, vinculado a la escuela de Duguit del servicio público- si las dos expresiones de formal y orgánico se toman como sinónimos, es esta última la que mejor expresa el concepto de tomar en cuenta el autor u órgano que produce el acto para calificarlo como tal; el adjetivo formal evoca menos a autor pero las formas pueden ser útiles en periodos de confusión en que el ejecutivo legisla y administra, por lo que los actos legislativos no se distinguen de los administrativos sino por las formas y procedimientos; para citar un ejemplo colombiano se puede recordar el periodo entre 1948 y 1958 en que el gobierno "legislaba" con los decretos del artículo 121 del estado de sitio y esta tarea no se distinguía de la de administrar sino porque esos decretos exigían la firma del presidente y todos los ministros.

Se puede afirmar que tanto en Francia como en Colombia el criterio formal u orgánico ha sido predominante, es decir, es el que en mayor grado se tiene en cuenta para las consecuencias jurídicas: los actos administrativos están subordinados a la ley, son susceptibles de ser atacados por medio de la acción de nulidad ante los jueces, los decretos reglamentarios no obstante ser calificados como materialmente legislativos están privados del régimen jurídico de estos últimos; también los actos legislativos en Francia estaban exentos del control jurisdiccional, aún las leyes de contenido individual que podían tomarse en el sentido material por actos administrativos.

El tratadista citado resalta la importancia de distinguir los actos formalmente administrativos de los actos de naturaleza formal diferente y, por tanto, de precisar el criterio de los órganos administrativos oponiéndolos a los otros órganos del Estado y a los organismos privados; es lo que se suele hacer en el derecho, en todos los sistemas jurídicos, aunque no se diga que es por razón del predominio del criterio formal.

Este ejercicio no se va a hacer ahora en este libro, pero no se duda del interés que tiene para los estudiantes, a quienes estas distinciones que se están haciendo suelen traerles dificultades de compresión. Solamente va a citarse más adelante la distinción que hizo la Corte Constitucional en sentencia reciente (número 1048 de noviembre 2002) para quitar a los Centros de Conciliación y Arbitraje funciones correspondientes a la etapa "prejudicial" y atribuírselas a los árbitros.

Debe advertirse también en este punto que en el capítulo siguiente de esta obra se ahonda en la distinción entre entes estatales y personas privadas, por el mismo interés jurídico.

9.2.4. *La noción material de la función administrativa*

La definición material de la función administrativa y, en general, de las funciones del Estado suscita más dificultades que la simplemente formal. Aquí se siguen los desarrollos planteado por Léon Duguit y su escuela, principalmente, Jezè y Bonnard.

Para llegar a la definición se parte de la distinción entre los actos jurídicos de alcance general y los de alcance individual; sin embargo, se utilizan otros criterios puesto que la distinción mencionada facilita diferenciar los actos legislativos de los actos administrativos, pero no entre actos administrativos y actos jurisdiccionales, ambos caracterizados por la individualidad.

En la primera hipótesis, la función legislativa consistiría en la formulación por el Estado de las reglas jurídicas, es decir, de las disposiciones generales, abstractas e impersonales; por el contrario, la función administrativa consiste en la toma de decisiones individuales, bajo la forma de actos-condiciones o actos subjetivos.

En cuanto hace a la distinción entre el acto administrativo y el acto jurisdiccional, se plantea la pregunta de saber si se puede llegar a hacerla desde el punto de vista material; algunos autores lo dudan y se contentan con distinguir simplemente de fondo dos funciones del Estado; así se favorece la teoría de la función ejecutiva que aparece mucho en las clasificaciones de la doctrina, y que comprendería la función administrativa y la jurisdiccional.

El profesor de Laubadère menciona como característica del acto jurisdiccional su estructura compleja que muestra una pretensión delante de un juez, la constatación judicial de una situación y su conformidad con la regla de derecho, y la decisión. Mucho se discute sobre los elementos y su vinculación, pero aparece el reconocimiento a la decisión judicial de fuerza de verdad legal o de fuerza de cosa juzgada.

También se discute sobre los actos materiales al lado de los actos jurídicos y si deben considerarse siempre como actos administrativos, aunque emanen de otras funciones (publicación de la ley), consideración que el profesor francés citado no comparte, aunque acepta que la mayor parte de actos materiales son administrativos para la realización de los servicios públicos.

Si bien es cierto que existen dificultades para la distinción propuesta y se afirma que el derecho francés le otorga poco interés a la distinción material, Andrè de Laubadère piensa que para el derecho no es lo mismo legislar que administrar o juzgar.

Si bien se admiten las dificultades de la distinción material en contraste con la simplicidad de la clasificación formal, y la menor utilización del criterio envuelto, por otro lado se advierten los frutos del esfuerzo doctrinario que han llevado a enriquecer las clasificaciones de los actos jurídicos, de lo cual da buena cuenta el autor citado.

9.2.5. *Criterios materiales para la distinción de la función judicial en la etapa prejudicial del arbitramento*

La Sentencia 1038 de 28 de noviembre de 2002 de la Corte Constitucional. Para cerrar este análisis con un ejemplo de derecho colombiano vamos a hacer referencia a la Sentencia de la Corte Constitucional C-1038 de 28 de noviembre de 2002 que se dictó con ocasión de la demanda contra distintas normas de la Ley 446 de 1998, relacionadas con la fase del proceso arbitral denominada "etapa prearbitral", que estaba desarrollada básicamente por los Centros de Arbitraje, con fundamento en el Derecho extraordinario 2651 de 1991 sobre el proceso arbitral y las modificaciones de la ley 446 de 1998 que lo convirtió en legislación permanente.

El punto clave de la acusación de la demanda fue la violación del artículo 116 de la Constitución Política que autoriza a los particulares a "administrar justicia en la condición de conciliadores o en la de árbitros habilitados por las partes", pero no a los Centros de Conciliación y Arbitraje que, autorizados por la ley, cumplen importantes tareas de soporte y apoyo para dicho propósito; la discusión planteada llevaba a la Corte, para poder definir, a analizar la naturaleza judicial o no de las funciones ejercidas en la etapa arbitral.

La Corte Constitucional tomó partido por la naturaleza judicial principalmente de las actuaciones de la etapa perjudicial y declaró la "exequibilidad condicionada" de la mayor parte de las disposiciones acusadas para que no se desconozca "el principio de habilitación" consagrado en el texto constitucional citado.

Para llegar a la definición de la naturaleza judicial, acogiendo una decisión de la Sección Primera del Consejo de Estado, y apartándose de una sentencia anterior de la Corte, la sentencia advierte (fundamento 17) "que no existe consenso doctrinario ni jurisprudencial sobre cuáles son los criterios que permiten distinguir una función judicial de una función administrativa", como ya lo había señalado con anterioridad.

Sin embargo, la Corte Constitucional en la ocasión considera que existen unos elementos formales y materiales útiles.

Dentro de los criterios formales (sic) coloca la fuerza de cosa juzgada de los actos judiciales, mientras que los actos administrativos suelen ser revocables. En segundo término, la función judicial es en principio desplegada por funcionarios que deben ser jueces, o al menos tener las características de predeterminación, autonomía, independencia e inamovilidad propia de los jueces. Finalmente, y ligado a lo anterior, el ejercicio de funciones judiciales se desarrolla preferentemente en el marco de los procesos judiciales. "Por consiguiente, conforme a esos tres criterios formales (sic), se presumen judiciales aquellas (i) funciones que se materializan en actos con fuerza de cosa juzgada, o (ii) son desplegados por jueces, o el menos por funcionarios que gozan de los atributos propios de los jueces, o (iii) se desarrollan en el marco de procesos judiciales, o se encuentran indisolublemente ligados a un proceso judicial".

De otro lado, sigue la Sentencia 1038 de 2002, también es posible adelantar algunos criterios materiales. "Así, la Constitución establece una reserva judicial para la restricción concreta de ciertos derechos, como la libertad (Const. Pol. art. 28), y, por ende, se entiende que dichas limitaciones sólo pueden ser desarrolladas en ejercicio de funciones judiciales. Igualmente, la Constitución establece el derecho de toda persona a acceder a la administración de justicia (C.P. art. 229). Por consiguiente, en principio no sería admisible que una autoridad, en ejercicio de una función no judicial, pueda limitar el acceso a la administración de justicia. Por ende debe entenderse que en principio una decisión que restrinja el acceso a la administración de justicia, debe a su vez, ser ejercicio de una función judicial".

La polémica que puede entablarse en cuanto a la pertinencia de los criterios formales y materiales empleados, a la luz de la doctrina jurídica, muestra la dificultad de las distinciones, sobre todo de la material en las funciones administrativa y judicial del Estado.

Para terminar debe afirmarse que si desde el ángulo de la doctrina la distinción a pesar de todo debe trabajarse, ello se hace aún más imperioso cuando la ley atribuye a organismos claramente administrativos el desempeño de funciones judiciales, como es el caso del Título I, de la Parte IV de la Ley 446 de 1998 que trata del "ejercicio de funciones jurisdiccionales por las Superintendencias".

10. *Algunas notas sobre la terminología empleada*

La extensión de la Constitución de 1991 y su incursión en calificaciones terminológicas que usualmente se dejan a la doctrina o a la ley, obligan a retomar las denominaciones empleadas con el fin de precisar su significado.

A diferencia de la Constitución anterior, en la cual se hablaba mucho de Nación y poco de Estado, la de 191 utiliza con frecuencia este último concepto.

La idea fundamental es que Estado es equivalente a sociedad política colombiana, que anteriormente se designaba con la expresión "nación colombiana" (Const. Pol. de 1886, art. 1°). Ahora se dice que "Colombia es un Estado social de derecho..." (Const. de 1991, art. 1°). En ese mismo sentido, en general, en el título II la noción de Estado resulta del territorio, de una población que lo habita y de la sujeción a la autoridad, como se enseña en el derecho constitucional.

De este modo el título V versa sobre la organización del Estado como ente de poder. Es la designación del conjunto de autoridades, donde todas quedan agrupadas, las de la rama legislativa, la ejecutiva y la judicial, como en el artículo 123 cuando se refiere a los servidores públicos, en el artículo 121 a las autoridades del Estado, y en el artículo 125 a os órganos y entidades del Estado.

En otras ocasiones Estado indica también el conjunto pero con respecto a la organización territorial, es decir, los órdenes nacional, departamental y municipal; como cuando en los artículos 79 y 80 se establecen deberes en cuanto a la protección del ambiente y los recursos naturales, y en el 369 cuando se indican las empresas del Estado.

El término *nación*, que en algunos momentos puede evocar esa totalidad y ser equivalente a *Estado*, va quedando ubicado como la organización administrativa que cubre la totalidad del territorio nacional; de esta manera puede oponerse a la organización departamental y municipal. Nación es de clara estirpe francesa, mientras que Estado es frecuente encontrarlo en la Constitución española de 1978.

Las entidades de este orden participan en las rentas nacionales, según el artículo 287; existe el gobierno en los diferentes niveles: nacional, departamental, distrital y municipal (art. 355) (sentido genérico y no específico).

En esa acepción parcial la nación tiene su contabilidad (art. 354); sus servicios y recursos (arts. 102, 356 y 357), y se contrapone a las entidades territoriales, departamentales, provinciales, distritales y municipales.

Bajo la denominación de "entidades", aunque es un vocablo que se usa para indicar organismos administrativos, en general seguido del adjetivo "públicas", están las territoriales (art. 286) y las descentralizadas por servicios (establecimientos públicos, empresas industriales y comerciales del Estado y sociedades de economía mixta), llamadas "empresas estatales" en el artículo 369.

En las dos hipótesis hay un fenómeno de descentralización, territorial o por servicios, según terminología que se adoptó en las reformas constitucional y administrativa de 1968.

Otras veces, también de manera general, se emplean expresiones como "administración pública" (art. 343), "organismos", "dependencias", etc., siendo útil o necesario para el derecho el saber cuándo la expresión es de ese sentido, o preciso, por las consecuencias jurídicas que de allí se puede derivar.

CAPÍTULO VIII

ACCIÓN ADMINISTRATIVA, FUNCIÓN Y ACTOS ADMINISTRATIVOS

[omissis]

3. *Modalidades de la acción administrativa*

En capítulos anteriores se vieron algunos aspectos de la manera como actúa la administración, que es bueno recordar aquí. Además de esa recapitulación útil, es preciso agregar algunas modalidades de la actuación administrativa.

3.1. *Recapitulación*

En el capítulo IV, por ejemplo, a la luz de la Constitución colombiana, se observó cómo la función administrativa no es exclusiva de una rama del poder público, sino que puede ser cumplida por las tres; eso no significa que no haya una rama que tenga la mayor parte de la tarea, sino que las otras dos deben realizar acción administrativa para el cumplimiento de sus funciones diferenciadas del Estado.

En el caso de las ramas legislativa y judicial ese cumplimiento de tareas administrativas es instrumental, es decir, es un medio para poder realizar lo que les corresponde en otros órdenes de la actividad estatal. Por el contrario, tratándose de la rama ejecutiva, la función administrativa confiada a ella es de su esencia.

Esta idea de administración activa, realizadora, a través de normas que dicta, de actos y operaciones, es distinta de la función administrativa de control confiada al ministerio público y a la Contraloría General de la República.

Del mismo modo, en el capítulo VI, al estudiar las funciones presidenciales, inscritas bajo el título de suprema autoridad administrativa, no podía menos de evocarse las características que ella ofrece: la supremacía presidencial, el principio de la organización piramidal de los poderes y de la delegación, el de la atribución legal de funciones, el del funcionamiento jerárquico, el de la autonomía administrativa y el control de tutela.

3.2. Finalidades de la función administrativa

El Constituyente de 1991 consideró necesario consignar algunos principios constitucionales sobre la función administrativa, siguiendo para ello el ejemplo de la Constitución Española, lo que hace en el capítulo que nace con el artículo 209. Allí se declara que la función administrativa está al servicio de los intereses generales, y se desarrolla con fundamento en los principios de igualdad, moralidad, eficacia, economía, celeridad, imparcialidad y publicidad, mediante la descentralización, la delegación y la desconcentración de funciones; es de advertir que este mandato constitucional de tanta importancia ha sido desarrollado por el artículo 3° de la Ley 489 de 1998 que a la letra dice: "La función administrativa se desarrollará conforme a los principios constitucionales, en particular los atinentes a la buena fe, igualdad, moralidad, celeridad, economía, imparcialidad, eficacia, eficiencia, participación, publicidad, responsabilidad y transparencia. Los principios anteriores se aplicarán, igualmente, en la prestación de servicios públicos, en cuanto fuere compatibles con su naturaleza y régimen".

Se debe anotar que estos principios, de tanta importancia para el buen funcionamiento de la administración pública, que tanto necesita el país, no suelen ser conocidos ni por los administradores públicos ni por los funcionarios de control administrativo o judicial.

La Corte Constitucional unió esa finalidad del interés general con otros principios constitucionales como el cumplimiento de los deberes sociales del Estado y los particulares (art. 2°), y el del bienestar general y la calidad de la vida de la población como finalidades sociales del Estado (art. 366). La Corte censura con razón la negligencia y la pereza administrativas, y resalta la eficacia como valores de la función administrativa, vinculando los defectos de la gestión con el principio de la responsabilidad personal de los funcionarios (Const. Pol., art. 6°).

A estos principios pueden sumarse aquellos que la Constitución establece a partir del artículo 122, atinentes a la función pública, sin perjuicio de las aplicaciones concretas que tienen estos últimos en algunos campos del derecho administrativo.

Aunque pueda ser difícil hacer descender estos principios a la dura realidad de las fallas de la administración pública –que padecen diariamente los ciudadanos o administrados, para no mencionar los fenómenos mayores de burocratización o corrupción administrativas-, bueno e indispensable es que la Constitución se ocupe de elevar los espíritus, de recordar los deberes de los funcionarios públicos y los derechos de los ciudadanos y administrados, que no pueden seguir librados a la buena voluntad de los funcionarios públicos.

Esfuerzos en la misma dirección han sido emprendidos en la supresión de trámites en la administración pública, por el Decreto-Ley 2150 de 1995, y posteriormente por la Ley 573 de 2000 y el Decreto 266 del mismo año, el cual prevé la eliminación de trámites organismo por organismo; en el terreno de la lucha contra la corrupción se dictó la Ley 190 de 1995, denominada estatuto anticorrupción y se modificó por la Ley 734 de 2002 el Código Único Disciplinario.

[omissis]

5. Criterios para la calificación de la función administrativa

Corrientemente se han utilizado dos puntos de vista para caracterizar a la función administrativa: el de la ejecución de la ley y el del contenido jurídico de los actos. Entre sí, los dos criterios guardan relación.

5.1. La función administrativa como ejecución de la ley

Dentro de las tres funciones del Estado, la legislativa se concibe como la encaminada a la producción de la ley, la administrativa a la ejecución de ésta, y la judicial a la solución de los conflictos entre particulares y de éstos con las entidades estatales.

Al estudiar las funciones presidenciales en Colombia mencionamos el espacio importante que ocupan tanto su obligación general de cumplir la ley como la de ejercer la potestad reglamentaria.

Entendiendo la función administrativa con un contenido operativo mayor, también se observa que ella se mueve dentro del marco legal. Dictar normas reglamentarias para desarrollar las leyes, celebrar contratos, nombrar funcionarios, organizar dependencias, destinar recursos públicos, realizar obras y prestar servicios, todo para alcanzar los fines que ellas se proponen, puede ser un resumen de las tareas administrativas.

En esa identificación también se aprecia un alto grado de subordinación del quehacer administrativo a la ley, consecuencia del principio de legalidad.

No obstante, entre los dictados generales de la ley y la aplicación concreta de sus mandatos hay un espacio que suele llenar la iniciativa del gobernante, y aun del funcionario administrativo de inferior rango. La noción del poder discrecional, que se estudiará más adelante, deja ver que administrar no consiste solamente en la aplicación mecánica de las disposiciones legales. Al reglamentar una ley se toman opciones dentro de las varias que ofrece la ley, y ésta es encaminada hacia unos resultados.

Un aspecto colateral aparece acá: que las mismas autoridades encargadas de la administración principal dictan actos que son equiparables a las leyes o cuyo grado de subordinación a la ley es menor que el habitual. El capítulo sobre las fuentes hace ver este aserto con la enumeración de los distintos tipos de decretos que tienen fuerza legal, del algún modo.

Desde otro ángulo, se arguye con razón que a los jueces también compete la ejecución de la ley con las sentencia. En este punto puede encontrarse dificultad para distinguir intrínsecamente entre una decisión judicial y un acto administrativo de contenido individual que otorga un derecho que nace a través de la administración. Generalmente la diferencia es la atribución del efecto de cosa juzgada a la decisión judicial.

Además, la ley atribuye a veces funciones jurisdiccionales a organismos administrativos, como la Ley 446 de 1998 (art. 133) a las Superintendencias aumentando las confusiones.

El derecho no es una ciencia exacta, y no obstante la profundización que se ha obtenido en muchos campos, los matices subsisten.

5.2. *Los criterios formal y material en la función administrativa*

Desde el punto de vista formal, es función legislativa la del Congreso de la República; ejecutiva o administrativa la que ejercen los funcionarios de la rama encabezados por el Presidente de la República; judicial la que es cumplida por los jueces. El criterio formal, entonces, solo hace atención al órgano que expide el acto o cumple la función, para calificarla.

Ha existido, sin embargo, un esfuerzo de penetrar en las funciones estatales para distinguirlas por su naturaleza íntima. En el derecho francés, la escuela de Léon Duguit ha presentado la técnica jurídica como comprensiva del ordenamiento y de la actividad jurídica. El ordenamiento está constituido por reglas de derecho y por situaciones jurídicas de que pueden ser titulares los individuos. La actividad jurídica consiste en el cumplimiento por estos dos actos materiales y sobre todo de actos jurídicos susceptibles de producir efectos jurídicos, esto es, de introducir modificaciones en el ordenamiento jurídico haciendo nacer, modificar o suprimir las reglas jurídicas o las situaciones jurídicas.

La particularidad de las reglas jurídicas consiste en ser de carácter abstracto e impersonal. Las situaciones jurídicas son de dos tipos principales: generales o impersonales, e individuales o subjetivas.

Las situaciones generales son idénticas para todos los titulares (mujeres casadas, alcaldes, etc.) porque han nacido de leyes o reglamentos (se les llama legales o reglamentarias). Las situaciones individuales varían de persona a persona porque son fruto de actos de este carácter (liquidación de un impuesto, obligaciones de un acreedor). Las situaciones generales pueden ser afectadas por normas de carácter general, que normalmente no cambian las situaciones personales o individuales, las cuales son intangibles ante leyes o reglamentos, con lo cual se brinda un criterio para la solución de conflictos de leyes en el tiempo.

La equivalencia de las situaciones está en los acto-regla (ley, reglamento, convención colectiva) para las generales y actos subjetivos (contratos) para las individuales: crean, modifican o suprimen situaciones de la misma índole. Entre los dos a veces se coloca al acto-condición, que complementa el acto-regla haciendo recaer sobre un individuo efectos generales (el matrimonio, el nombramiento del alcalde), normalmente es un acto individual y jurídico pero puede ser de alcance general (declaratoria de conmoción interior), o provenir de un hecho, como la mayoría de edad.

Esta distinción da asiento a la diferenciación material de funciones del Estado: sería legislativa la destinación a dictar actos-reglas; administrativa la consistente en decisiones individuales, bajo la forma de actos-condiciones o actos subjetivos.

También en la doctrina alemana se ha buscado diferenciar las funciones estatales por el fondo; la dificultad está en que no se alcanza a precisar por la generalidad o individualidad de los actos la función judicial, que también se expresa en actos individuales.

También entran en cuenta para esta valoración los efectos que los sistemas jurídicos les concedan a los distintos actos: por ejemplo, ante el control constitucional o de legalidad.

Entre nosotros ya se ha dicho que funciones administrativas pueden cumplirse en la rama legislativa y en la judicial; el reglamento del Congreso (L. 5ª/92) contempla la organización administrativa para el Senado.

En el control de los actos se utiliza el criterio material cuando se atribuye el control constitucional de decretos del presidente de la república a la Corte Constitucional, como el de las leyes. También cuando el Código Contencioso Administrativo (art. 128) asigna competencia a esa jurisdicción para el conocimiento de actos emanados de las mesas directivas de las cámaras legislativas o de las corporaciones judiciales. No se está teniendo en cuenta el autor, sino un contenido material del acto.

Empero, el criterio formal es predominante: el control constitucional se ejerce sobre todas las leyes, sin precisar si contiene normas de carácter general o individual (de honores, por ejemplo); también los actos del ejecutivo caen bajo el control del contencioso administrativo; allí, sin embargo, los efectos son distintos entre actos generales y actos individuales.

6. *Los actos administrativos*

El final de toda la teoría de la función administrativa y de sus maneras de actuar es el examen de su producido jurídico: el acto administrativo.

La importancia que dentro del derecho administrativo ha tenido el acto administrativo es similar a la que en derecho privado tuvo el negocio jurídico. Si bien muchas características del acto administrativo han salido a superficie con ocasión del ejercicio del control de legalidad, hoy se hace también el estudio con mayor autonomía doctrinaria como una de las nociones fundamentales; es decir, desde un ángulo de derecho sustantivo y no sólo de los vicios en el contencioso administrativo. Podría agregarse también que es uno de los temas favoritos de la literatura jurídica latinoamericana.

En una primera parte pueden verse los elementos que integran el concepto del acto administrativo y los tipos de actos de esta naturaleza; en una segunda, las consecuencias jurídicas que ellos acarrean.

6.1. *Elementos y tipos de actos*

Una observación de doctrina hace ver que la actividad administrativa, como toda actividad humana, toma dos vías: la de la decisión y la de la operación. La producción de efectos jurídicos es común en las dos hipótesis, pero el juego de la voluntad es diferente.

a) *Elementos en la definición del acto administrativo.* Dos elementos van resultando del análisis: por un lado, las declaraciones de voluntad de la administración destinada a producir efectos jurídicos; por otro, las operaciones materiales que ejecutan los actos jurídicos, con efectos buscados o no. Pueden contemplarse también hechos ajenos a la administración, como el tiempo, que influye en una decisión administrativa.

El elemento de la voluntad admite matices. Si ella no existe, se da lugar a un hecho administrativo, pero puede ser tácita, cuando se le da valor al silencio administrativo interpretándolo en un determinado sentido.

La declaratoria de voluntad debe ser unilateral (Los contratos forman una especie aparte no comprendida dentro de los actos administrativos); eso no implica que no concurran a su formación distintas personas o entes, lo que configura los actos complejos. Tampoco que pueda venir el asentimiento del particular concernido, o que a éste deba notificarse el acto. Igualmente, es preciso distinguir entre los actos definitivos y aquellos que son preparatorios de una actuación posterior.

Pero no solamente se toman como actos administrativos los que implican una voluntad administrativa en determinada dirección. Otras veces lo que se aprecia es un juicio (cuando se es consultado, se rinde un informe), una declaración de conocimiento (diligenciamientos, registros, anotaciones, trámites, certificaciones, constancias, etc.), o de deseo (propuestas o peticiones de un ente a otro), como se afirma siguiendo a la doctrina italiana, principalmente.

En cuanto a los efectos, ellos pueden afectar a la administración o a los ciudadanos. Figura como requisito en la doctrina, en el último caso que el acto produzca efectos jurídicos subjetivos, concretos, o sea de alcance individual: crea, modifica o extingue. Por esta razón se suelen rechazar los actos creadores de normas generales. No obstante, en Colombia en el contencioso administrativo se toman como administrativos estos actos generales de autoridades nacionales, seccionales y locales (decretos reglamentarios, resoluciones generales, ordenanzas, acuerdos, etc.).

Los efectos pueden producirse también por hechos, omisiones, operaciones materiales, vías de hecho, etc. Corrientemente las normas administrativas requieren de hechos u operaciones posteriores para su ejecución. En ocasiones, no obstante, se rompe el vínculo, y por tanto en los hechos u operaciones no puede invocarse ninguna norma que le sirva de impulso. Más que por la nulidad de una norma, la reparación al ciudadano ofendido provendrá de una reparación otorgada por el daño sufrido; así se observa en la llamada "acción de reparación directa" del contencioso administrativo (CCA Col., art. 86).

Por último, al lado de la declaración de voluntad destinada a la producción de efectos jurídicos subjetivos, pero que puede ser de juicio, conocimiento o deseo, o un hecho u operación material, entre los elementos del acto administrativo se incluye que su expedición sea el fruto del ejercicio de una función administrativa; conforme al criterio material ésta puede estar a cargo de autoridad de otra rama del poder, y aun de particulares, de manera excepcional.

b) *Elementos en la producción del acto administrativo.* Mirando hacia los aspectos que permiten la elaboración del acto administrativo, otros elementos entran en juego: el sujeto del acto, los motivos, el fin, el objeto, las condiciones de su formación y las formalidades de que se le reviste.

1. *El sujeto.* Este, mencionado como elemento subjetivo, es el autor del acto. Aunque se trata de la voluntad de una o de varias personas que integran el órgano u órganos que toman la decisión administrativa, ella se imputa a la persona jurídica estatal que actúa, o a la agencia gubernamental, si aquella no es directamente persona jurídica (un ministerio).Los vicios a que ella puede estar sujeta, como otros defectos, hace parte del estudio del control de legalidad, que serán estudiados en el capítulo de la justicia administrativa.

Por encima de esa expresión de voluntad está el conjunto de reglas jurídicas o legales que fijan las atribuciones y el modo de actuación de los órganos administrativos y sus agentes. Por ello la cuestión del examen del elemento subjetivo se liga a la capacidad del ente y de las personas que como funcionarios lo representan para obrar, noción utilizadas bajo el nombre de "competencia".

Esa competencia está distribuida dentro del aparato administrativo por materias (funciones generales de los ministerios y establecimientos públicos y especiales de los distintos funcionarios, por ejemplo), consulta límites territoriales dentro de los cuales está asignada (nacional, departamental, municipal, etc.), y en ocasiones está condicionada a factor tiempo (no se puede ejercer antes o después de tal fecha, o dura únicamente determinado tiempo).

El estudio de la competencia puede atraer el de los funcionarios de hecho y el de ciertos fenómenos llamados de "dislocación competencial", en que ella se traslada a otro órgano o autoridad (delegación, evocación, sustitución), así como el modo indicado por la ley para actuar los órganos colegiados (convocatoria, quórum, votaciones, etc.).

2. *Los motivos: competencia reglada y poder discrecional.* Las normas a las cuales se sujeta la administración buscan, en su afán de guiarla, indicar las hipótesis de su aplicación. Se prevén así las circunstancias de hecho y de derechos que, de ocurrir, desencadenan la acción que la norma ha contemplado. A estos antecedentes de hecho y de derecho, que están en el origen de las decisiones administrativas, se les suele denominar los "motivos de las mismas".

Según el margen de apreciación que la norma deje al administrador entre la hipótesis que plantea y las soluciones que ella misma ha ideado, menor o mayor, se dirá que hay una competencia reglada o un poder discrecional. En materias nuevas de regulación, o en que se presenten situaciones cambiantes, o en que pueden tener mayor peso las condiciones de oportunidad o de conveniencia de las medidas que los factores de legalidad, es frecuente el empleo de poderes discrecionales. El terreno en que se va a actuar no es suficientemente conocido y la prudencia aconseja hacer fe en el criterio del hombre. Sin embargo, discrecionalidad no quiere decir arbitrariedad, como lo ha explicado la Corte Constitucional en sentencia que, como otras en materia administrativa, tienen un sentido pedagógico y ético.

Algunas veces se distinguen motivos y causa, o se confunden, o se prefiere uno u otro concepto. Si a los motivos se les conserva su carácter de antecedentes de hecho y de derecho, la idea de causa se localiza más en la valoración subjetiva.

Precisa distinguir los motivos de la motivación; esta es la expresión de aquellos y se hace en ocasiones en los "considerandos" de las providencias administrativas. Por cuando pone sobre la mesa la forma como analizó la administración los antecedentes de sus decisiones, la motivación contribuye a facilitar el control de legalidad. La legislación puede hacer obligatoria o no la motivación (ej. L. 80/93 en ciertas decisiones de contratos).

3.   *El fin.* Si existen precedentes que impulsan a la administración a obrar, también la media que se adopte persigue una finalidad. Es claro que debe existir una finalidad general de interés público presente en toda determinación oficial. Pero la norma que otorga una potestad puede pretender determinados fines concretos, que deben ser los que guíen al administrador a poner en marcha la medida. Debe existir una coincidencia entre la finalidad presupuesta en la

disposición que autoriza y la que busca el agente al hacer uso de la facultad.

La desviación de la finalidad legal puede ocurrir por intereses personales o de terceros (medida de policía que prohíbe una actividad para que no se haga competencia a la comercial de quien la toma o la de un amigo, en casos que ha ilustrado la jurisprudencia francesa); pero también puede ser un fin lícito: utilizar el poder de policía, no para arreglar la circulación sino para evitar daños a la calzada y la subsiguiente reparación, que genera gastos. Precisamente se sanciona con el vicio de desviación de poder la discordancia entre los propósitos de la norma y los que tuvo en mira el agente al obrar.

4. *El objeto*. El objeto o contenido del acto es aquello que el acto decide, certifica u opina, según la materia del mismo (a veces se diferencian objeto y contenido). Se exigen corrientemente de él atributos que debe tener el acto jurídico en derecho privado: lícito, cierto y determinado, posible física y jurídicamente. En derecho argentino se suele agregar la razonabilidad, concepto muy utilizado allí, y su condición ética. Estos valores, naturalmente, san lugar a mayor capacidad de apreciación del juez a estudiar la legalidad del acto.

Ampliando la noción se dice que el objeto de la declaración puede ser un comportamiento del gobernado, de una administración, de quien dicta el acto; dar, hacer, no hacer, padecer; un hecho (que se certifica, se documenta, que se califica); un bien (que se expropia, se transfiere, etc.); una situación jurídica; la propia organización y la mezcla de esos objetos típicos.

Igualmente, se plantea que el objeto puede estar muy delimitado por la ley (en el sentido de norma superior) o él puede ser perfilado por el administrador al obrar; aquí tiene cabida la diferencia entre competencia reglada y poder discrecional. También que el acto puede estar sujeto a condiciones, modo y término.

5. *Las formalidades*. Como se suele indicar, una vez formada la voluntad administrativa debe exteriorizarse para que pase del campo psicológico al jurídico. Bajo variada terminología pueden distinguirse el procedimiento que precede a la expedición del acto y la forma que reviste el acto final mismo. La primera noción hace referencia al procedimiento administrativo de formación del acto, que se mencionará enseguida.

Otro aspecto que puede quedar cobijado bajo este epígrafe es el relativo a la formación de la voluntad administrativa, en cuanto supone unos ciertos ritos o formas: actos de corporaciones, actos complejos, que necesiten autorización o requieran aprobación, que se verán en la clasificación de los actos.

Pero el tema puede radicarse más en la propia expresión externa del acto, y así se habla con mayor precisión de la forma del acto que de formalidades, que puede tomarse más ampliamente para comprender todo lo expuesto. Se tiene, entonces, que el acto administrativo es normalmente escrito o que puede constar por escrito, como cuando se da cuenta de una decisión (acta o certificación). Aunque se reconoce que la forma escrita y en general, las formas de la actuación administrativa son garantía del ciudadano y medio de prueba, no se suele admitir la diferencia del derecho privado entre formas *ad solemnitatem y ad probationem*.

La exigencia de escritura no excluye los gastos verbales (dar órdenes, por ejemplo), ni los que se traducen en gestos o símbolos, muy utilizados en materia policiva. También se tiene por tácito un acto cuando la declaración de voluntad puede tomarse inequívocamente en un sentido determinado.

Por último, si son actos administrativos algunos no sujetos a forma especial (cartas, telegramas, avisos, etc.), otros tienen en la Constitución o en la ley la de decretos, ordenanzas, acuerdos, resoluciones ejecutivas o simples, por ejemplo. En su redacción, aunque no existe prescripción al respecto, hay un encabezamiento con el nombre de la entidad que profiere el acto, la fecha y el nombre de este; algunas veces se hacen considerandos con a motivación que conduce a su expedición y, en una segunda parte, que viene precedida del verbo que corresponde al acto (decreta, acuerda, resuelve, etc.), se dispone en artículos sobre el objeto del acto; su contenido formal se cierra con los nombres de los funcionarios que lo expiden o autorizan y la mención de si debe publicarse o notificarse.

c) *Tipos de actos administrativos.* Corresponde más bien a un estudio monográfico sobre este tema o a la extensión de un tratado de derecho administrativo el análisis de fondo sobre la gran variedad de actos administrativos, como lo hacen algunos autores.

Sin embargo, para dar una idea de ella y dejando de lado la tipificación que resulta de lo que se ha venido exponiendo, digamos en síntesis que los actos se clasifican en función de su generalidad o individualidad, de su mayor contenido normativo o de discrecionalidad, o de operatividad jurídica o fáctica (hechos).

El juego intelectual puede oponer los actos de voluntad con los denominados "meros actos administrativos", que dicen relación al juicio, el conocimiento o el deseo.

Si en su formación unos son simples y otros complejos, separables o vinculados a una actuación, algunos dan lugar a recursos administrativos, mientras que otros no, bien por su naturaleza, o su autor, o porque se desligan en su materialidad de la discusión jurídica y abren el camino a la reparación directa.

Su proyección en cuanto a las tareas estatales puede hacer aparecer ciertos actos como puramente administrativos, mientras que otros se califican como actos de gobierno o políticos, por corresponder más a delicadas labores de esta índole.

Desde el punto de vista del peso jurídico puesto en la balanza algunos se han calificado como actos de autoridad o poder del Estado propios de sus prerrogativas, en tanto que otros se colocan bajo el signo de la gestión, similar a la que cumplen los particulares, abriéndose paso en los segundos a la aplicación de reglas de derecho privado.

En cuanto hace con su contenido, las clasificaciones describen múltiples relaciones jurídicas del Estado con los administrados, ampliando o reduciendo su esfera jurídica bajo formas de autorización, aprobación, admisión, concesión, dispensa, renuncia, permiso o licencia, etc.

La larga enumeración de tipos de actos que se puede hacer, muestra bien no solo la complejidad del accionar administrativo sino la laboriosidad del análisis jurídico.

d) *Los elementos en la legislación colombiana.* La existencia de la jurisdicción de lo contencioso administrativo y el progreso que en los últimos años ha tenido entre nosotros la disciplina que estudiamos, ha llevado a la legislación a tomar posición sobre la teoría del acto administrativo al definir las competencias.

En el Decreto-Ley 1 de 1984, fruto de las facultades extraordinarias de la Ley 58 de 1982, se llegó a definiciones de escuela que luego se corrigieron (art. 82). Por virtud de las normas del Decreto-Ley 2304 de 1989, se afirma que la jurisdicción especializada está institucionalizada para juzgar las controversias y litigios administrativos originados en las actividades de las entidades públicas y de personas privadas que desempeñen funciones administrativas: la Ley 446 de 1998 también interviene en el tema.

Para indicar la extensión del control en el artículo 83 modificado, y descomponiendo el concepto de actividades, se dispone que dicha jurisdicción "juzga los actos administrativos, los hechos, las omisiones, las operaciones administrativas y los contratos administrativos y privados con cláusula de caducidad de las entidades públicas y de las personas privadas que ejerzan funciones administrativas".

Por su parte, el artículo 50 describe los actos definitivos como aquellos que ponen fin a una actuación, o sea los que deciden directa o indirectamente el fondo del asunto; los de trámite, que no se definen, son los de impulsión, pero que en un momento dado pueden poner fin a la actuación cuando impiden continuarla.

Algunos otros aspectos de los actos administrativos podrán verse desde su ángulo patológico, es decir, de los vicios que pueden conducir a su nulidad, y del procedimiento administrativo bajo el cual nacen.

Las notas distintivas de la teoría del acto administrativo en Colombia, similares a las que ofrece el derecho extranjero, serían: predominio del criterio formal; no obstante, se puede entender como actos administrativos los de cierto carácter de otros órganos; que sean en ejercicio de función administrativa, la cual puede estar encomendada también a particulares; es amplia y comprende las decisiones y las abstenciones, y se opone a los hechos, aunque estos tengan también efectos jurídicos finales; excluye las actuaciones administrativas gobernadas por el derecho privado.

[*omissis*]

LA ADMINISTRACIÓN PÚBLICA Y LAS FUNCIONES DEL ESTADO

Eduardo Ortíz Ortíz

Tomado de la Tesis I, de su *Derecho Administrativo*, Stradtmann Editorial, Biblioteca Jurídica DIKE, San José, Costa Rica, 2002[*]

El Derecho Administrativo puede definirse como el derecho de la función administrativa o de la administración pública. Importa, en consecuencia, definir qué es función administrativa y qué es Administración Pública.

1. CONCEPTO DE ESTADO, DE FUNCIÓN Y DE ATRIBUCIÓN

El Estado es un ente territorial y soberano. Es un ente territorial en cuanto puede someter a su potestad de mando a todo aquél que resida dentro de su territorio, por el mero hecho de su residencia, sin que medie un acto de voluntad de parte del súbdito. El hecho de que la fuente del poder

---

[*] Agradecemos al profesor Aldo Milano, editor del libro póstumo de Eduardo, el envío del texto de este capítulo, y a nuestra querida amiga Gisela Stradtmann, viuda de Ortíz, su autorización para publicarlo.

del Estado es el territorio, en el sentido apuntado, lleva a decir de éste que es elemento constitutivo del Estado. El giro significa la existencia de una estrecha relación entre el territorio y el poder del Estado, en virtud de la cual aquél no sólo es un límite espacial de dicho poder, sino también la condición de su existencia y de su ejercicio.

En cuanto soberano, el Estado es supremo dentro de sus fronteras e independiente fuera de ellas frente a los otros Estados. La soberanía significa que el orden jurídico vigente en el Estado proviene de éste en última instancia, sin nexo alguno de dependencia respecto de otros entes, internos o externos.

El Estado, como ente territorial, no está vinculado a la realización de un fin determinado y tiene la posibilidad de perseguir toda clase de cometidos relativos a la comunidad que lo habita. Tales necesidades de la comunidad son llamadas atribuciones, cometidos o fines públicos. En fin, atribución o cometido público es la tarea impuesta al Estado por el ordenamiento jurídico, cometido público es su correlación con un acto de soberanía del Estado. El fin público es el impuesto al Estado por un acto soberano de autolimitación de su poder.

Se supone que una tarea del Estado mira siempre al bien de la colectividad, porque responde a la satisfacción de una necesidad sentida por una fracción importante o mayoritaria. Pero sería un error considerar que un fin es público en sí mismo, con independencia de su carácter estatal. Pues, a la inversa, un fin es público por ser estatal. El hecho de que el Estado exista para promover el bienestar colectivo otorga a sus fines el carácter de lo público, entendido como lo que es importante para la comunidad. Con ello se afirma que el criterio jurídico para distinguir entre fines públicos y privados es subjetivo: si el fin es del Estado es público, y si no lo es, es privado. No hay, fuera de éste, otro signo útil y claro de distinción.

Existen múltiples actividades vitales para la comunidad en manos de particulares (como ocurre con todas las llamadas actividades privadas de interés público, al estilo de las profesiones liberales y el comercio y la industria de los artículos de primera necesidad) y muchas otras de ninguna importancia en manos del Estado o de los otros entes públicos menores. El otorgar a las primeras el calificativo de públicas por ser importantes social y económicamente, carece de relevancia jurídica, porque nunca pueden ser jurídicamente reguladas como actividades públicas, con iguales particularidades que las contenidas en el régimen de la actividad estatal.

El Estado transmite a otros entes sus cometidos y fines, que continúan siendo públicos aunque no estén dentro de la esfera de acción del Estado. Del origen estatal de estos sujetos, que son llamados entes menores o instituciones autónomas (en CR), se desprende la posibilidad de calificar como públicos, sus cometidos, incluso si nunca han pertenecido al Estado. Como entes, se parte ahora de una suposición; si el Estado ha creado al ente menor para un fin, éste es importante para la comunidad.

No hay técnica alguna que permita decir a priori cuáles deben ser los fines del Estado, ni menos todavía cuando deben transferirse a un ente menor.

La mayor o menor amplitud de cometidos, así como las técnicas diversas para alcanzarlos, dependen de las circunstancias, especialmente ideológicas (liberalismo, socialismo, intervencionismo) y técnico-económicas (desarrollo económico e industrial).

El Estado tiene medios jurídicos y materiales para realizar sus fines. Llámase su función, a la actividad desarrollada por el Estado y otros entes públicos menores para el cumplimiento de sus cometidos. Esa actividad proviene del ejercicio de una potestad, entendida como la autorización dada por el orden jurídico para actuar sobre la comunidad y los individuos, ordenando su conducta a la consecución de un bien común. Del ejercicio de las potestades, nacen los actos jurídicos y materiales que en definitiva satisfacen la necesidad social y realizan el fin público. Es por ello que la función puede analizarse, en sus elementos y consecuencia, a través del acto jurídico y de la actividad material. Podría decirse que la función es el conjunto típico o clasificado de actos jurídicos y actividades materiales que sirven para el cumplimiento de los fines públicos, encargados al Estado y entes menores.

Desde este punto de vista hay tres funciones del Estado: la legislativa, la administrativa y la jurisdiccional. Esto significa que una vez analizados los actos del Estado, para ordenarlos y clasificarlos, resultan tres tipos diversos con esa misma denominación tripartita. Clasificar los actos jurídicos y las actividades materiales es, entonces, clasificar las funciones del Estado.

2. CRITERIO FORMAL DE CLASIFICACIÓN DE LAS FUNCIONES

Es posible adoptar varios puntos de vista para clasificar las funciones del Estado. El más acertado será aquél que abarque la mayor cantidad posible de actos, reduciendo al mínimo las diferencias entre ellos, es decir distribuyéndolos en la menor cantidad posible de divisiones. Esto sólo puede lograrse si se atiende a los aspectos más generales y fundamentales de todos los actos estatales. Observación que conduce al análisis de sus aspectos dinámicos.

En un sentido estricto -como se verá- es fuente de derecho únicamente el acto normativo, creador de reglas generales y obligatorias (normas). Pero en sentido amplio y para efectos de distinguir las funciones estatales, tienen relevancia innovadora también los actos jurídicos individualizados, con capacidad de crear, modificar y extinguir situaciones jurídicas concretas, derechos y obligaciones de sujetos determinados. Estos actos también renuevan el orden jurídico con efectos antes inexistentes.

Los actos del Estado son el principal agente en el proceso de creación y aplicación del derecho. El aspecto más importante de un acto estatal es su posición dentro de ese proceso dinámico. Esta posición está regulada, dado que el orden jurídico regula su propia creación y aplicación. Ello permite revelar la existencia de dos tipos de normas:

a) Las normas de producción, que establecen el régimen de los actos estatales de creación y aplicación del derecho;

b) Las normas materiales, que regulan las conductas restantes, especialmente las del individuo en relación con los demás individuos o con el Estado y sus entes menores.

Las normas de producción regulan los actos en sus aspectos formales, sujeto, procedimiento y forma de manifestación. Es decir, quién es su autor, cómo ha sido adoptado y en qué forma se manifiesta el acto. Las normas de pro-

ducción suelen regular también algunos aspectos materiales del acto y veremos que respecto del administrativo, el
principio de legalidad exige que el mismo esté regulado
también en cuanto al motivo o al contenido, en cuanto al
por qué o al qué del acto.

Es indudable, sin embargo, que el aspecto formal del acto público es no sólo el más frecuentemente regulado sino
también el más importante para el orden jurídico. En efecto, la importancia del acto en el proceso de creación y aplicación del derecho depende fundamentalmente de dicho
aspecto formal.

Un acto puede revelar su importancia en un ordenamiento jurídico, según tres diversos fenómenos de relación
con los otros actos del Estado, a saber:

a)   La fuerza de un acto para imponerse a otros;

b)   Su capacidad para resistir a otros actos y no ser modificado o sustituido por ellos;

c)   El régimen de impugnación del acto, según el número y la clase de los medios de impugnación.

En razón de estos tres fenómenos, el acto adquiere una
posición jurídica frente a los otros y de consiguiente una
jerarquía determinada.

La potencia jurídica de un acto puede no asumir la forma de una capacidad para imponerse a otro, en el sentido
de modificar las situaciones jurídicas creadas por éste; basta que el último tenga que aplicarlo para producir el efecto
que busca, so pena de violar el ordenamiento si no lo hace,
para que se revele que la potencia del acto cuya aplicación
está en juego es superior. Es decir, que un acto puede tener
mayor potencia que otro o bien porque puede modificar

sus efectos o bien porque el segundo tiene que tomarlo en cuenta y aplicarlo, so pena de invalidez. Así, la ley sólo excepcionalmente modifica situaciones jurídicas derivadas de un acto administrativo (hipótesis de retroactividad) pero es superior a dicho acto, en todo caso, porque tiene que ser aplicada y respetada por éste, bajo sanción de nulidad.

Todos los fenómenos indicados dependen generalmente de la forma del acto, del sujeto, del procedimiento y del modo de exteriorización. Se explica esto por la necesidad de simplificar y ordenar los modos de creación y aplicación del derecho. La forma del acto permanece inalterada a través de todos los casos presentados a la decisión del órgano y pueden todos agruparse desde el punto de vista de esa su común naturaleza formal.

Para establecer la importancia jurídica del acto no importa ni la materia del mismo (fin) ni las circunstancias en que se realiza (motivo) ni aún siquiera su contenido (efecto). Los actos se pueden clasificar en grandes jerarquías jurídicas, aunque discrepen ampliamente en esos aspectos materiales, si han sido dictados por un mismo sujeto, o mediante un mismo procedimiento, o con una misma forma.

Las funciones del Estado no son otra cosa que las jerarquías dichas. Ello significa que los actos de cada función son más o menos importantes que los de la otra, en los tres aspectos antes analizados, resistencia jurídica, potencia jurídica y régimen de impugnación. Y que esa importancia depende del sujeto, del procedimiento y de la forma del acto.

La función más importante es la que tiene mayor resistencia y potencia, y menores posibilidades de impugnación, y a la inversa, es la función inferior la que puede ser más fácilmente impugnada con menor potencia y resistencia en relación con otros actos.

En el fondo la clasificación de las funciones implica una jerarquía de los órganos encargados. Si la jerarquía de un acto proviene del órgano es porque el órgano, a su vez, está en una cierta posición respecto de los otros. Puede decirse que la importancia de los diversos órganos, desde el punto de vista de la función que realizan, radica en su posición ante el ordenamiento jurídico. Es superior el órgano que está sometido a menos normas, en razón de su menor distancia de la Constitución, norma suprema; y es inferior el que está sometido a más normas, con igual punto de comparación. Es la distancia de cada órgano, y, consiguientemente, de los actos que realiza, respecto de la Constitución, la que determina la jerarquía formal de la función. La Constitución establece esa jerarquía ordenando los órganos creadores y aplicadores de derecho con un criterio de desigualdad, que produce superiores e inferiores. Cada órgano, por el hecho de su identidad y por el procedimiento y forma de su actuación, está más o menos distante de la Constitución, y es superior o inferior a los otros. Es decir, que cada función representa un modo de creación y aplicación del derecho, formalmente determinado, que implica, como supuesto fundamental, una cierta distancia respecto de la Constitución.

Es cierto que la Constitución puede atribuir a un ente u órgano un acto normalmente propio de otro y conectar la función legislativa a los procedimientos de la Administración, o a la inversa. En razón de ello la Constitución puede imprimir la naturaleza de una función determinada a un acto que debería tener otra, desde el punto de vista formal, lo que impide una perfecta coincidencia entre forma y función pública. Se puede afirmar, a lo sumo, que la función que se intenta clasificar corresponde normalmente a un cierto cauce formal, sin perjuicio de las salvedades derivadas de normas en contrario.

Es necesario advertir, en consecuencia, que el criterio primero de clasificación es la jerarquía del acto frente a la Constitución. La jerarquía depende del número de actos públicos que separan el acto de la Constitución, posición determinada a su vez por su aspecto formal y fundamentalmente por el órgano o ente autor. Pero como es posible que la naturaleza jurídica de un acto no corresponda a la forma normal para crearlo, es necesario proyectar el criterio distintivo de las funciones a esa su distancia respecto de la Constitución. Pues, en el acto de equiparación con una función, lo que se equipara es un acto sometido a la Constitución en grado igual al de la función, que por eso puede ser incluido en ésta. Quiere decirse que la equiparación de un acto con otro emanado de distinto órgano, o con distinto procedimiento y forma, puede ser expresa, pero también implícita en el hecho de que, según el ordenamiento, ambos actos están situados a igual grado de distancia respecto de la Constitución. De ese grado proviene su régimen jurídico formal, su potencia, su resistencia y su régimen de impugnación.

Puede afirmarse, en síntesis, que la naturaleza de las funciones está basada normalmente en los elementos formales de los actos que las expresan, sujeto, procedimiento y forma, elementos que determinan la jerarquía del acto frente a la Constitución, así como su régimen jurídico formal consiguiente. Pero como es posible que dicha jerarquía esté vinculada por el ordenamiento a fenómenos distintos e independientes del aspecto formal, sea porque dependa de elementos materiales, sea porque dependa de elementos formales diversos, es preciso adoptar como criterio complementario de distinción entre las funciones el hecho de su jerarquía en sí misma considerada, con abstracción de su aspecto formal. Es decir, el hecho de su mayor o menor distancia respecto de la Constitución y estructura formal del acto son coincidentes y ordenadas al desarrollo de una función típica. Pero excepcionalmente pueden disociarse ambos aspectos y en tal hipótesis la pertenencia a la función está dada por la distancia de la Constitución y no por el elemento formal.

Será parte de una función, el acto que guarde igual distancia que ésta respecto de la Constitución, aunque provenga de sujeto, procedimiento y forma diversos.

3. EL CONCEPTO FORMAL DE LAS FUNCIONES Y LA DIVISIÓN DE PODERES

La importancia del aspecto formal de las funciones es particularmente claro en el sistema de división de poderes. Es ya conocido el origen inglés de este sistema, posteriormente dogmatizado por LOCKE (*Two Treaties of Government*) y por MONTESQUIEU (*L'Esprit des Lois*, Libro XI, Capítulo VI).

El sistema está orientado a hacer posible que el particular pueda prever la conducta lesiva del Estado y pueda saber a qué atenerse en sus relaciones con él.

Se trata de un sistema para producir seguridad jurídica y garantizar la libertad del individuo. El único modo de lograrlo es hacer previsible la conducta del Poder Público regulándola anticipadamente. La ley, como regla general que regula las relaciones entre Estado e individuo y permite prever las interferencias posibles entre ambos, es el acto fundamental del Estado. El fenómeno del poder es concebido como un desarrollo por etapas de la vida de la ley, como un descenso de la generalidad de la ley a lo particular de sus actos de aplicación. El primer dogma del sistema, es la sumisión de lo particular y concreto, a lo general y abstracto, del caso a la norma. Todo acto debe estar autorizado por una norma para ser conforme con el ordenamiento. Y todo acto es inferior a la norma que aplica, justamente porque tiene que ajustarse a sus términos. En forma similar todo acto que se aplica es superior al acto mismo de aplicación.

Para garantizar los derechos del individuo las diversas etapas de creación y aplicación de la ley deben estar separadas y atribuidas a diversos órganos. Un Poder es el órgano encargado de realizar una función específica, definida desde el punto de vista de su generalidad. El Poder Legislativo es el que dicta las normas, el Poder Ejecutivo y el Poder Judicial los que las aplican en concreto.

Al decir de MONTESQUIEU,

> "Desde que en la misma persona o en el mismo cuerpo de magistrados, la potestad legislativa está unida con la potestad de ejecución, desaparece la libertad; porque se puede tener la zozobra de que el mismo monarca o el mismo senado haga leyes tiránicas para ejecutarlas tiránicamente...No hay libertad tampoco si la potestad de juzgar no está separada de la potestad legislativa y ejecutiva. Si está unida a la potestad legislativa el poder sobre la vida y la libertad de los ciudadanos será arbitrario, porque el juez será

legislador. Si está unida a la potestad ejecutiva, el juez puede tener la fuerza de un opresor...Todo se perdería si el mismo hombre, o el mismo cuerpo de príncipes, o de nobles, o el pueblo, ejerciese estos tres poderes, el de hacer la ley, el de ejecutar las resoluciones públicas y el de juzgar los crímenes o las diferencias entre particulares" (L'Esprit des Lois, Tomo I, Libro XI, Cap. VI).

El sistema de división de poderes supone, en consecuencia, dos modos diversos de clasificar las funciones del Estado. Por el primero, las funciones se clasifican y distribuyen según su mayor o menor generalidad. Así, la ley es la norma, el acto general y el acto administrativo o la sentencia son actos concretos, referidos a individuos y hechos ya identificados. Pero una vez atribuida la función a un Poder, ocurre que se invierte el criterio de clasificación, en términos que es ley todo acto emanado del Poder encargado de legislar, y es acto administrativo el que deriva del Gobierno.

La consecuencia inmediata de esta separación orgánica es la atribución a cada Poder de una potestad para producir los actos de la función correspondiente, como molde de su actividad, la potestad de legislar a la Asamblea, la de administrar al Gobierno y la de juzgar al Poder Judicial. Esta potestad permite a cada Poder realizar actos con igual jerarquía que la de la función que le está asignada, de modo que, aunque diferentes de ésta por su grado de generalidad, tengan igual valor e importancia dentro del sistema.

Así, si es verdad que el acto general es superior al particular, lo es también que todo lo que haga la Asamblea debe prevalecer sobre lo que haga el Gobierno o el Juez, porque cada Poder está concebido para imprimir a todos los actos en que se exprese una misma fuerza jurídica, aún si no son los propios de su función normal desde el punto de vista de la generalidad del efecto. La atribución de funciones de tipo excepcional tiene por fin que los actos correspondientes tengan el mismo régimen jurídico (en el sentido anteriormente explicado) que los normales (por su grado de generalidad) del Poder correspondiente. Caso contrario, se habrían atribuido al Poder ordinariamente encargado y no al que ha sido excepcionalmente investido de la función.

He aquí como el sistema de división de poderes parte de una clasificación material de las funciones, en cuanto dependen de la generalidad que tienen los actos que las manifiestan y desemboca en una clasificación formal, en cuanto depende del Poder al que se atribuye la función, con relativa independencia de su efecto.

Todavía más; sólo de la conjunción de ambos fenómenos jurídicos grado de generalidad y asignación a un Poder determinado puede nacer el acto típicamente propio de la función. De este modo, es ley no todo acto general sino únicamente el que, a la vez, proviene de la Asamblea Legislativa. Llevado a su extremo, este planteo formalista permite reputar como ley el acto concreto siempre que lo dicte la Asamblea, y a la inversa, que sea acto administrativo el reglamento, no obstante ser una norma, si es realizado por el Gobierno. La división de poderes no sólo no es incompatible con una clasificación formal de las funciones, como la aquí propugnada, sino que es el modo normal y más perfeccionado de su realización.

Ello proviene de que es el sistema en que más neta es la jerarquía de un acto frente a la Constitución, por razones puramente formales. Como antes se explicó, el criterio decisivo y principal de clasificación de esas funciones está en la distancia del acto respecto de la Constitución. En el sistema de división de poderes es claro que esa distancia depende de la posición que respecto de la Constitución guarde el Poder o el ente encargado de crear y aplicar derecho. Y esa posición es definida tácita o expresamente con toda claridad por la Constitución, como medio para lograr una verdadera división del trabajo con la intervención de tres Poderes separados. A cada poder corresponde un grado de subordinación a la Constitución, que es el mismo que corresponde a sus actos.

4. LA DEFINICIÓN DE LAS FUNCIONES

A. *La Legislación*

La función legislativa es la actividad, normalmente encargada a la Asamblea y excepcionalmente al Poder Ejecutivo, de dictar normas supeditadas en un solo grado a la Constitución. Es decir, normas cuyo único límite positivo es la Constitución y los principios generales que la fundamentan o complementan, con entera independencia de otros actos o normas intermedias. El ser de la ley conlleva el régimen jurídico formal correspondiente, lo que ha llamado la doctrina el valor y la fuerza de ley (Aldo SANDULLI).

Ello quiere decir que la ley no puede ser derogada ni reformada sino por otro acto de la Asamblea o de un Poder o ente distintos, pero facultados para actuar en dependencia directa y exclusiva de la Constitución, sin otro límite positivo.

Significa la fuerza de ley el que todos los demás actos del Estado están subordinados a la ley sea porque ésta puede modificarlos en sus efectos (hipótesis de la ley retro-activa o de aplicación inmediata) sea porque todos los de-más tienen que aplicarla, bajo pena de invalidez si lo omi-ten.

Finalmente, la fuerza de ley significa que el acto es im-pugnable únicamente por razones de inconstitucionalidad, con exclusión de todos los recursos que supongan una norma intermedia, inferior a la Constitución pero superior a la ley.

Todo el régimen jurídico de la ley depende de su origen legislativo, del hecho de ser la Asamblea (o un órgano o ente equiparado a ésta) la autora de la ley, mediante el em-pleo del procedimiento y la forma especial para dictarla.

Los artículos 123 y siguientes CP regulan el trámite para la formación de las leyes e indican cuáles actos de la Asamblea, no obstante provenir de ésta, no son leyes y pueden ser dictados con un procedimiento diverso.

El hecho indudable es que la ley es, en CR, el acto dicta-do por la Asamblea a través del trámite de los tres deba-tes[1], cada uno en distinto día, que ha obtenido la aproba-ción de la mayoría legislativa necesaria y la sanción del Poder Ejecutivo, y que ha sido publicada en La Gaceta, sal-vo los casos especiales señalados por la propia CP (ar-tículo 123, párrafo primero).

Su régimen de impugnación es el regulado por el artícu-lo 10 CP, que crea la acción de inconstitucionalidad o de

---

1. Mediante Ley N° 7347 de 1 de julio de 1993, publicada en La Gaceta N° 137 de 20 de julio de 1993, fue modificado el artículo 124 de la CP, introduciéndose como requisito de aprobación de las leyes, dos deba-tes y creando las *comisiones permanentes con potestad legislativa plena*.

nulidad de las leyes, por el exclusivo motivo de violar la Constitución.

B. *La Administración*

El acto administrativo está subordinado en segundo grado a la Constitución, de la que está separada por la ley. El acto administrativo no puede modificar la ley y si lo hace es anulable. Puede modificar otros actos administrativos, del mismo autor, o de otro, cuando la ley lo permite. Si el acto es individualizado (subjetivo) está supeditado también al reglamento, como acto general, pero éste, a su vez, debe respetar la ley. En general, las normas de la Administración (que pueden incluir convenios colectivos, consorcios entre las entidades administrativas, etc.,) imperan sobre los actos individualizados, que no pueden modificarlas y tienen que aplicarlas, so pena de nulidad. La derogación singular de dichas normas es antijurídica. Esto puede significar la existencia de un escalón intermedio entre la ley y el acto concreto, que imprima a este último una naturaleza diversa de la que tiene el reglamento y las demás normas administrativas. Aunque el fenómeno es evidente, la conclusión es errónea, porque todos los actos de la Administración o de los entes menores, por el hecho de su común origen, se consideran subordinados por igual a la ley y en consecuencia, administrativos. La sujeción del acto concreto al acto administrativo general no tiene consecuencias sobre la naturaleza de ambos, a efectos de determinar la función a que pertenecen. Los dos tipos de actos conservan la misma naturaleza administrativa, con igual potencia, igual resistencia e igual régimen de impugnación, aunque existan diferencias innegables para otros efectos.

El régimen de impugnación del acto administrativo, general o concreto, consiste en la sujeción a la llamada jurisdicción contencioso administrativa, que, al tenor del artículo 49 CP, es un cometido del Poder Judicial en virtud del cual se garantiza la legalidad de la función administrativa del Estado, de sus instituciones y de toda entidad de derecho público. En todo caso, ese régimen proviene directamente de la subordinación del acto administrativo a la legalidad y no sólo a la Constitución.

Esta jurisdicción afecta tanto al acto concreto como al general. Dice el artículo 20.1 LRJCA:

> "Las disposiciones de carácter general de la Administración del Estado, Municipalidades, Instituciones Autónomas y de más entidades de derecho público, podrán ser impugnadas directamente, por ilegalidad, ante la jurisdicción contencioso administrativa, una vez aprobadas definitivamente en vía administrativa".

De acuerdo con esta norma, los reglamentos y actos generales de la Administración son actos administrativos como cualquier otro de alcance concreto (subjetivo). Ello revela que, para efectos de régimen jurídico (potencia, resistencia e impugnación) quedan equiparados dentro de una misma función administrativa, actos con un grado de generalidad enteramente diverso.

El bloque de legalidad a que alude el artículo 49 CP, está formado no sólo por las leyes en sentido estricto, sino también, como se advirtió, por todas las normas de rango igual o inferior a la ley, que separan a la Administración de la Constitución, costumbres, reglamentos y principios generales de derecho, de rango legislativo o reglamentario. En realidad el acto administrativo es tal por estar sujeto no sólo a la Constitución sino también al bloque de normas iguales o inferiores a la ley, constitutivas del ordenamiento jurídico. Y así expresamente lo dispone el artículo 12 LRJCA antes citada, cuando dice:

> *"Los motivos de ilegalidad comprenderán cualquier infracción del ordenamiento jurídico, incluso la falta de jurisdicción o competencia, el quebrantamiento de formalidades esenciales y la desviación de poder".*

La alusión clara del ordenamiento jurídico en bloque significa la sumisión de la función administrativa no sólo a la Constitución sino también a la ley y sus congéneres normativos, iguales o inferiores en rango.

Formalmente el acto administrativo proviene del Poder Ejecutivo (Gobierno) o de cualquier otro ente administrativo menor. Pero es posible que, como se había anticipado, el Poder Legislativo y el Judicial puedan, debido principalmente a los principios generales del derecho público y aún a las simples reglas jurisprudenciales, obra del juez, realizar actos administrativos, en cuanto subordinados a la ley y no sólo a la Constitución, cuando ésta así lo dispone, tácita o expresamente. En tal hipótesis, el elemento común de identificación entre los actos emanados de los distintos poderes con una misma naturaleza administrativa radica en su grado de distancia frente a la Constitución, que es, como se dijo, un segundo grado, porque hay la ley intermediaria.

La posibilidad de actos administrativos realizados por los Poderes Legislativo y Judicial está admitida hoy por el artículo 49 CP y el artículo 1 LRJCA (Nº 3667 de 12 de marzo de 1966).

El artículo 49 CP crea la jurisdicción contencioso administrativa *"como atribución del Poder Judicial, con el objeto de garantizar la legalidad de la función administrativa del Estado, de sus instituciones y de toda entidad de derecho público".* Significa el texto, la posibilidad de que la función administrativa puede ser desarrollada por el Estado, comprensivo de los tres Poderes, y no sólo por la Administración. Y queda corroborada claramente la idea con el texto del artículo 1 de la Ley mencionada, que en lo conducente dice:

> *"Por la presente ley se regula la Jurisdicción Contencioso Administrativa establecida en el artículo 49 de la CP encargada de conocer de las pretensiones que se deduzcan en relación con la legalidad de los actos y disposiciones de la Administración Pública, sujetos al Derecho Administrativo. Para los efectos del párrafo primero se entenderá por Administración Pública: a) El Poder Ejecutivo; b) Los Poderes Legislativo y Judicial en cuanto realizan, excepcionalmente función administrativa; c) Las Municipalidades, Instituciones autónomas y todas las demás entidades de derecho público".*

Nuestro ordenamiento no fija procedimiento especial para dictar actos administrativos, concretos o normativos (reglamentos)[2]. En relación con estos últimos no impone el requisito de la publicación[3], que sólo exige en relación con

---

2. Mediante los artículos 308 y siguientes, la LGAP regula actualmente el procedimiento administrativo ordinario, entendido como requisito de validez y eficacia del acto final. Por otra parte, en relación con las disposiciones de carácter general, son los artículos 361 a 363 de la misma Ley mediante los cuales se regula el procedimiento previo para su dictado.

3. El artículo 240 LGAP establece las reglas aplicables a la comunicación de actos de aplicación general.

las leyes de la Asamblea (artículo 129 CP) lo que no obsta al carácter imperativo de dicha publicación, para que el reglamento adquiera obligatoriedad.

En cuanto a la forma, el artículo 146 CP ordena que *"los decretos, acuerdos, resoluciones y órdenes del Poder Ejecutivo requieren para su validez las firmas del Presidente de la República y del Ministro del ramo, y, además, en los casos que esta Constitución establece, la aprobación del Consejo de Gobierno"*.

De todo lo dicho se desprende claramente la relatividad del criterio puramente formal para efectos de clasificar y distinguir las funciones. Si bien normalmente el acto administrativo proviene de la Administración en sentido estricto, no hay seguridad de que ello sea así en todo caso, y frecuentemente, faltan elementos adicionales de tipo formal (como el procedimiento) que permitan una neta caracterización desde este exclusivo punto de vista. En tal hipótesis resulta cierto y evidente que lo decisivo es la distancia del acto respecto de la Constitución, aún si el mismo presenta una connotación (relación) incompleta en su aspecto formal.

C. *La Jurisdicción*

La jurisdicción, como la administración, está sometida a la Constitución, a la ley, a la costumbre, a los principios generales de derecho, y en general, a todas las normas de rango igual o inferior a la ley formal. En esto, jurisdicción y administración son iguales. Hay, no obstante, profundas diferencias formales entre una y otra.

Hay en primer término, la diferencia formal que media entre la administración y lo que podría llamarse el acto de jurisdicción plena, (que es naturalmente distinto de la llamada plena jurisdicción, a diferencia de la jurisdicción objetiva de anulación, como suele decirse en doctrina procesal administrativa). El acto de jurisdicción plena es la sentencia con autoridad de cosa juzgada, y se da en tanto se distinguen dos tipos de cosa juzgada, la material y la formal (empleado este término formal con un sentido diverso al que se le ha dado en el presente capítulo).

Cosa juzgada formal es la inmodificabilidad de una sentencia dentro del juicio en que se ha dictado, por no ofrecer el ordenamiento recurso alguno contra la misma, o haberse agotado todos los existentes. Es lo que ocurre, por ejemplo, con las sentencias dictadas por los jueces en los procedimientos ejecutivos, de desahucio, de jurisdicción voluntaria, etc. En estas hipótesis, el Juez y las partes carecen de potestad para modificar la sentencia dictada una vez que, dentro del juicio respectivo, se han agotado todos los recursos legales correspondientes. Pero tal inmodificabilidad es relativa, porque es posible siempre atacar el fallo, ya no mediante recurso dentro del mismo juicio, sino mediante otro juicio, llamado declarativo u ordinario, donde se podrá prever con la máxima amplitud lo actuado y decidido.

Cosa juzgada material es la que nace, normalmente, del juicio ordinario (declarativo), así llamado por ser la vía normal para discutir y dirimir toda clase de controversias, con la mayor amplitud de ataque y de defensa. El ordenamiento supone que, una vez agotada esta vía, deben cerrar definitiva y absolutamente el litigio zanjado y utiliza el instituto de cosa juzgada material para lograrlo. Consiste ésta en el carácter absolutamente inmodificable de una sentencia frente al ordenamiento jurídico, sea en relación con el juicio en que se produjo, sea en relación con cualquier otro.

Una vez dictada la sentencia pasada en autoridad de cosa juzgada material, el objeto de la controversia desaparece y el derecho de las partes queda definitivamente fijado, sin posibilidad ulterior alguna de reabrir discusión sobre lo mismo.

Sólo mediante el llamado recurso de revisión, que existe para constatar los errores esenciales de hecho cometidos en un proceso, con carácter extraordinario y por motivos estrictamente circunscritos, es posible el reexamen de lo ya fallado.

Dice al respecto el artículo 42 CP:

"Un mismo Juez no puede serlo en diversas instancias para la decisión de un mismo punto. Nadie podrá ser juzgado más de una vez por el mismo hecho posible. Se prohíbe reabrir causas penales y juicios fallados con autoridad de cosa juzgada, salvo cuando proceda el recurso de revisión".

Este recurso está regulado por los artículos 619 y siguientes del CPC, así como por los artículos 490 siguientes y concordantes del CPP[4].

La doctrina reputa jurisdicción tanto al fallo con autoridad de cosa juzgada material, como al que la tiene puramente formal. El acto jurisdiccional típico es únicamente, sin embargo, la sentencia revestida de cosa juzgada mate-

---

4. Mediante la Ley Nº 7135, LJC, el artículo 490 CPP, fue adicionado en un inciso, el 6), el cual indica: "*Cuando no hubiere sido impuesta mediante el debido proceso u oportunidad de defensa*". La Ley Nº 7594 que entra en vigencia a partir del 1 de enero de 1998, reforma totalmente el Código de Procedimientos Penales, y regula mediante los artículos 408 a 420 el "*Procedimiento para la revisión de la sentencia*".

rial. Esta constituye, al decir de JÈZE, una prueba absoluta de la verdad legal, es decir del sentido del derecho objetivo y de la existencia del subjetivo en el caso concreto.

Dice al respecto el CC:

> *Artículo 721.-* "La cosa juzgada hace legalmente cierta la existencia o la no existencia de la relación jurídica que ella declara".

> *Artículo 722.-* "Solamente las sentencias definitivas dadas en materia de jurisdicción contenciosa y en vía ordinaria, pasan en autoridad de cosa juzgada".

El precepto del artículo 722 ha quedado derogado (por algunas normas que adscriben la autoridad de cosa juzgada a decisiones o fallos dictados fuera de la vía ordinaria), pero el sentido dogmático del artículo 721 permanece y tiene que permanecer inalterado.

Una primera diferencia entre administración y jurisdicción radicaría, entonces, en el hecho de que sólo esta última puede producir la cosa juzgada material. Es posible afirmar que siempre que una decisión esté revestida con dicha autoridad, habrá jurisdicción. Se trata de una distinción normalmente fundada en un fenómeno de carácter formal, tal y como se desprende del citado artículo 42 CP que la vincula al agotamiento de la vía ordinaria o declarativa, signo distintivo puramente procedimental.

El criterio esbozado es insuficiente, porque impide dar cuenta de la distinción entre acto administrativo y acto judicial revestido únicamente de cosa juzgada formal. El acto administrativo puede tener esta última, en cuanto resulta inimpugnable una vez agotada la vía administrativa. El hecho de quedar sujeto a la acción contenciosa posterior, no es óbice para el reconocimiento de tal cualidad, como no lo es quedar sujetos a la vía ordinaria en los fallos dictados fuera de ésta.

¿Qué diferencia corre entre cosa juzgada administrativa y jurisdiccional?

Nuevamente aparece la necesidad de recurrir a la posición jerárquica del acto jurisdiccional dentro del ordenamiento, preferentemente por razón de sus elementos formales (sujeto, procedimiento y forma). Posición jerárquica que determinará (como antes ocurrió con el acto legislativo y el administrativo) el régimen jurídico formal de la sentencia: potencia, resistencia y régimen de impugnación.

Puede decirse que acto jurisdiccional es el que está sometido a la Constitución, a la Ley, a normas iguales o inferiores y a la Administración. He aquí, en la sumisión de la justicia a los actos de la Administración, el signo distintivo del acto jurisdiccional.

Es necesario aclarar, en primer término, que sumisión de la justicia a la administración no significa dependencia jerárquica de los jueces frente a los gobernantes. Los artículos 154 CP y 2 LOPJ[5], consagran expresamente la sumisión del mismo únicamente a la Constitución y a la ley, con lo que prohíben que el Poder Ejecutivo o cualquier otra enti-

---

5. Mediante Ley N° 1266 de 21 de febrero de 1951, se reformó el original artículo 2 de la Ley N° 8 del 22 de noviembre de 1937 y sus reformas, LOPJ, indicando textualmente lo siguiente: *"El Poder Judicial sólo está sometido a la Constitución y a la ley, y las resoluciones que dicte en los asuntos de su competencia no le imponen otras responsabilidades que las expresamente señaladas por los preceptos legislativos"*. En la actual LOPJ, N° 7333 de 05 de mayo de 1993, en el mismo sentido de la norma antes citada, véase el artículo 2 con idéntico texto.

dad pueda cursar órdenes a los Jueces en el ejercicio de su función.

La sumisión judicial aludida es del mismo tipo que la existente frente a la Constitución o a la Ley. Es la sumisión impuesta por el sistema de división de poderes, en el cual cada Poder tiene que respetar los actos dictados por otro dentro de su competencia constitucional y de conformidad con el ordenamiento jurídico. Esto significa que el juez tiene que hacer valer los actos de la Administración como si fueran normas concretas, si son válidos. El Juez no tiene libertad para aceptar o rechazar los efectos del acto administrativo, ni menos todavía para anularlo, reformarlo o sustituirlo con su voluntad. El Juez está obligado a confirmar el acto si es válido o anularlo si es inválido. Desde este punto de vista el acto administrativo luce como un acto ordenador, que fija la posición del administrado frente a la Administración, y viceversa. Confirmarlo en lugar de anularlo es definir con fuerza de verdad legal la norma del caso concreto, los derechos y obligaciones de las partes.

El carácter normativo del acto es más obvio cuando, planteada una demanda contra la Administración o un particular, se invoca como título del derecho un acto administrativo, generalmente un reglamento. En estas hipótesis el Juez tiene que juzgar de la legalidad del acto invocado como título, con anterioridad a decidir el negocio. La constatación de la legalidad del acto administrativo es una cuestión previa a la sentencia. El juez aplica o desaplica el acto, según sea válido o inválido. Aplicar el acto es confirmar su efecto en relación con el derecho que se reclama y desaplicarlo es suprimir dicho efecto dentro del límite del caso en discusión.

La figura jurídica de la desaplicación del acto es una forma de invalidez, pero menos completa que la anulación. Significa fundamentalmente que el acto administrativo ilegal queda vivo y continúa produciendo efectos, pero éstos son suprimidos exclusivamente para el caso. La forma de suprimirlos es permitir o imponer una conducta opuesta a dichos efectos. De este modo, si una entidad pública reguladora de tarifas (como el Servicio Nacional de Electricidad[6]) sube ilegalmente las que corresponden al suministro de energía, la desaplicación consiste en permitir al accionado el no pago de las mismas sin anular el acto para otros futuros litigios. El alza de tarifas queda vigente para todos aquellos que no reclamen su desaplicación.

Como se dijo, es posible que el Juez carezca de la potestad de desaplicación en un determinado ordenamiento jurídico. Pero ello no afecta la posibilidad de que la jurisdicción esté sometida al imperio de los actos generales o singulares de la Administración, cuando éstos son válidos, porque la posibilidad como tal siempre existe. El Juez aplica o desaplica los actos administrativos, como aplica o desaplica la ley. Nuestro ordenamiento consagra expresamente esta posibilidad.

Dice el artículo 8.2 de la Ley de Ordenamiento del Poder Judicial[7]:

> *Artículo 8.* "No podrán los funcionarios que administran Justicia:

---

6. Hoy denominada Autoridad Reguladora de los Servicios Públicos, según Ley N° 7593 de 9 de agosto de 1996, publicada en La Gaceta N° 169 de 5 de setiembre de 1996.

7. Dicha disposición legal ha sido sustituida por el actual artículo 8.2 de la actual LOPJ, Ley N° 7333.

2) Aplicar decretos, reglamentos, acuerdos u otras disposiciones que sean contrarios a la Ley".

De donde se concluye que la jurisdicción es sierva también de Administración y no sólo de la ley. La Administración dicta actos que el Juez debe respetar y confirmar si son legales, actos que el Juez debe definir e imponer para la solución de litigio cuando gocen del amparo de la ley.

Es posible afirmar, entonces, que el acto jurisdiccional será aquél que aplique la ley y el acto administrativo para la solución de un litigio. Acto subordinado a la Constitución al menos en triple grado, según una línea jerárquica que pasa previamente por la ley y por el acto administrativo, general o concreto.

Hay entonces, dos criterios principales para definir el acto jurisdiccional, a saber:

a) La cosa juzgada material, que proviene necesariamente de la naturaleza jurisdiccional del acto;

b) La subordinación a todos los actos válidos del Estado, tanto de la Asamblea como del Poder Ejecutivo y de los entes menores, en cuanto tiene que aplicarlos para resolver conflictos sometidos a su esfera de decisión.

El acto jurisdiccional tiene un régimen jurídico un tanto paradójico, si se considera su condición de acto subordinado a la legislación y a la administración. Pues, pese a esa innegable subordinación, la sentencia es el medio de mayor autoridad dentro de un sistema para determinar y revelar el sentido de la ley y del acto administrativo. Hay un margen amplio de apreciación en la labor del Juez y en gran parte es verdad el decir que la ley es lo que dice el juez que sea.

El carácter de intérprete supremo que tiene el Juez, conduce a darle, por encima de la subordinación a la ley y al acto administrativo, una jerarquía particular dentro del sistema. La idea es que el Juez sirva a la ley y a la administración acordes con el ordenamiento, y a la vez, que puede adoptar la decisión última y suprema en cuanto al sentido de una y otra. Desde este punto de vista destaca el régimen especial de la sentencia, aparentemente contradictorio con su carácter subordinado, en los tres aspectos de su régimen jurídico, potencia, resistencia y régimen de impugnación.

La sentencia puede anular y reformar (esto último por anulación parcial) tanto a la ley (sentencia en materia constitucional) como al acto administrativo (sentencia contencioso administrativa). Se puede afirmar, por ello, que la sentencia tiene capacidad para extinguir y modificar a todos los otros actos del Estado, siempre que lo haga dentro de los límites de su naturaleza propia y que el efecto se produzca con un acto superior (dentro del ordenamiento) al que ha sido eliminado o reformado.

La sentencia no puede ser suprimida ni modificada, salvo por otra sentencia dictada al resolver un recurso, o en un nuevo juicio ordinario. El órgano que conoce de la revisión ha de pertenecer al mismo Supremo Poder que el que dictó la sentencia. Generalmente tal revisión tiene lugar mediante el llamado recurso de apelación, que es aquél en virtud del cual la parte agraviada por la sentencia pide del superior del Juez respectivo que la revise y revoque, en aquello que lo perjudica, pero es posible que la revisión tenga lugar sin recurso previo, como ocurre con la consulta del superior de todas las sentencias o autos definitivos en materia penal. No hay posibilidad de atacar a un acto jurisdiccional por vicio de inconstitucionalidad, que, de ocurrir, generaría únicamente el agravio susceptible de reparación en una acción de responsabilidad contra el juez, para que repare los daños y perjuicios causados con la sentencia inconstitucional.[8]

Es necesario advertir que la sentencia arbitraria, dictada con violación notoria del derecho, es también inimpugnable y definitiva cuando recae en un juicio ordinario, no obstante dicha ilegalidad, porque así lo exige el instituto de la cosa juzgada material, para garantía de la seguridad jurídica. Sin embargo, la sentencia arbitraria no es derecho, aunque sea de ejecución inexorable, porque lo impide la lógica del raciocinio jurídico. En el campo del derecho, como en el de toda ciencia normativa, el principio de contradicción y el de tercio excluido tienen plena vigencia.

> *"Si la conducta que el derecho regula no puede hallarse, a la vez, prohibida y permitida, y dos normas de un ordenamiento jurídico vedan y permiten, respectivamente, a los mismos sujetos, un mismo proceder, en condiciones iguales de espacio y tiempo, su aplicación simultánea es imposible, y por tanto, no pueden tener validez las dos..." "...dos normas de derecho contradictorias entre sí no pueden ambas ser válidas ni falsas..." "...si dos normas de derecho se oponen contradictoriamente, una es necesariamente válida y la*

---

8. En el actual régimen procesal constitucional, indica el artículo 30 inciso b) de la Ley N° 7135 de la Jurisdicción Constitucional, que no cabe el recurso de amparo en contra de *"las resoluciones y actuaciones jurisdiccionales del Poder Judicial"*. Por su parte, el artículo 74 ibídem, indica que *"no cabrá la acción de inconstitucionalidad contra los actos jurisdiccionales del Poder Judicial..."*. Sí se admite sin embargo, la acción de inconstitucionalidad en contra de interpretaciones reiteradas de la jurisprudencia que contenga vicios de constitucionalidad, derivado del artículo 73.b) de la LJCA.

otra es necesariamente inválida" (Eduardo GARCÍA MAY-
NEZ, Lógica del Raciocinio Jurídico, págs. 102 a 106).

Es lógico que la contradicción entre una norma y una
sentencia, como regla del caso concreto, se resuelva optan-
do por la validez de la primera, dado el carácter de ésta
subordinado de la segunda, subordinación que es el fundamento de validez de la sentencia. La sentencia arbitraria
no es derecho, justamente por serlo.

El régimen jurídico de la sentencia, con todas sus anteriores implicaciones, está notablemente determinado por
elementos formales.

El artículo 153 CP atribuye al Poder Judicial la competencia exclusiva de conocer y resolver todas las causas posibles, así como la de ejecutar las resoluciones por sí mismo, si fuere necesario. La atribución conlleva la consecuencia de que, en CR, un acto deberá ser de la incumbencia del
Poder Judicial para ser jurisdiccional; caso opuesto el acto
será inválido, por usurpación de función. Igualmente y por
la misma razón será inconstitucional la atribución a cualquier órgano independiente del Poder Judicial de una función de índole jurisdiccional.

El aspecto formal de la sentencia es todavía más claramente típico y determinante de su esencia jurisdiccional.
Sentencia es un acto que pone fin a la causa o litigio, previo
desarrollo del procedimiento bilateral exigido por ley, y
con la norma y motivación (por Considerandos y Resul-
tandos) que la misma ley impone. La LOPJ y el CPC son
los cuerpos de leyes que regulan el procedimiento y la
forma legalmente necesarios para dictar sentencia.

Es sentencia, en CR, el acto del Poder Judicial, que pone fin a un litigio o amago de litigio, previo el desarrollo de un procedimiento con intervención de dos partes, en la forma impuesta por la ley.

D. *Conclusión*

La clasificación de las funciones, según los criterios complementarios utilizados, de la posición jerárquica del acto respecto de la Constitución y de la relación entre dicha jerarquía y los elementos formales (sujeto, procedimiento y forma) de los actos en que las funciones se expresan, es decisiva porque es la única que da cuenta de los tres aspectos fundamentales de la función dentro del ordenamiento y en el proceso de creación y aplicación del derecho, a saber potencia jurídica, resistencia jurídica y régimen de impugnación.

Es ésta la llamada clasificación formal, por contraposición a la material, que criticaremos de inmediato.

5. NOTAS COMPLEMENTARIAS DEL ACTO ADMINISTRATIVO

La función administrativa es la que tiene lugar bajo el imperio de la Constitución y de la ley. Fuera de esta nota esencial (subordinación de segundo grado a la Constitución) la doctrina acostumbra atribuir otras notas complementarias para definir la administración. Así se dice de la espontaneidad y de la discrecionalidad administrativa.

La Administración es espontánea porque puede ser puesta en obra sin necesidad de un requerimiento de parte interesada extraña al órgano administrativo agente. Con ello se pretende distinguir de la jurisdicción, que es normalmente excitada a la acción por requerimiento de parte. Dice al respecto el artículo 5 de la Ley de Ordenamiento del Poder Judicial[9]:

> *Artículo 5.-* "Los Tribunales no podrán ejercer su ministerio sino a petición de parte, a no ser en los casos en que la ley los faculte para proceder de oficio".

La regla general es que el tribunal actúa a gestión de parte, y la excepción el que actúa de oficio. Esto último ocurre principalmente en materia penal.

La nota de la espontaneidad obedece a razones derivadas de la naturaleza misma de la función administrativa. Normalmente la administración ocupa la posición de parte interesada en la realización del fin público, frente al administrado. La administración no es un juez imparcial, encargado de decir y dictar el derecho en el caso concreto, sino un sujeto de intereses propios cuya representación y defensa asume ante el particular. De esta posición deriva el que no tenga ni deba tener necesidad de una instancia ajena para iniciar la acción que el cumplimiento de los fines públicos exige; es la Administración la que interviene cuando su juicio o la ley le indiquen que debe hacerlo. Así nace su espontaneidad, como una manifestación de su interés parcial en la consecución del fin público.

---

9. Esta disposición legal ha sido sustituida en la actual LOPJ por el artículo 5 párrafo primero de la Ley Nº 7333, que indica a la letra:

   "Los Tribunales no podrán ejercer su ministerio sino a petición de parte, a no ser en los casos exceptuados en la ley; pero una vez requerida legalmente su intervención, deberán actuar de oficio y con la mayor celeridad, sin que puedan retardar el procedimiento valiéndose de la inercia de las partes, salvo cuando la actividad de éstas sea legalmente indispensable".

Igualmente la administración es discrecional. Se entiende por ello, como mejor se verá después, la libertad de la administración en la determinación de los actos que le corresponde dictar, principalmente en cuanto a los elementos motivo y contenido. Hay discrecionalidad, en términos generales, cuando la Administración está facultada por ley para elegir entre varias alternativas de conducta, sea expresamente, sea porque la ley no determina o determina imprecisamente cuáles son esas alternativas. Aunque puede darse la hipótesis de actos enteramente regulados por ley, en cuya ejecución la Administración juega un papel casi mecánico de mero instrumento de aplicación, se trata de algo excepcional. La regla es que el acto administrativo tenga uno o dos elementos discrecionales. Esto proviene también de la naturaleza de la función administrativa. La Administración es discrecional, porque si su fin es modificar la realidad externa y producir un orden efectivo de conducta favorable a los cometidos que persigue, dentro de circunstancias que cambian constantemente, debe poder adaptarse a dichos cambios y tener un grado de flexibilidad. El fin permanece el mismo, pero las situaciones de hecho cambian y hacen más o menos difícil su cumplimiento, lo que obliga a admitir una cierta libertad que permita seguir esa oscilación de la realidad. La discrecionalidad es una consecuencia natural (aunque no necesaria) de la inestabilidad de los motivos que impelen a la Administración.

Una autorizada doctrina (ZANOBINI) sostiene que la Administración es esencialmente el medio inmediato y práctico del Estado para cumplir sus fines. Lo inmediato y lo práctico respecto de la realización del fin público son lo característico de la Administración.

Lo inmediato está en el hecho de que la Administración satisface directamente la necesidad pública a que se refiere el fin estatal, mientras que la legislación y la jurisdicción se limitan a decir cómo debe ser la conducta que lo haga. Con la actividad administrativa el Estado mismo se hace sujeto de una actividad que modifica la realidad física y social y produce el resultado que llena aquella necesidad, mientras que con las otras funciones únicamente limita y dirige la actividad correspondiente. De aquí deriva también el carácter práctico de la administración, que consiste en la realización de actividades físicas y materiales por parte del Estado.

Nuevamente se trata de características que son normales pero no esenciales a la función administrativa. La administración no sólo se da en la prestación de servicios públicos, técnicos o materiales, sino sobre todo en la emisión de actos administrativos, que consisten en una declaración de voluntad y que definen el derecho en el caso concreto, con efecto vinculante para el particular y la Administración, según se había anticipado. Puede afirmarse, incluso, que las actividades materiales de la Administración representan o bien un medio preparatorio o bien un medio de ejecución de un acto administrativo (declaración de voluntad). La actividad material es práctica pero la administración también es actividad jurídica, y, en tal sentido, no es ni práctica ni inmediata.

6. EL CRITERIO MATERIAL DE CLASIFICACIÓN DE LAS FUNCIONES

Llámese clasificación material de las funciones la que busca la diferencia esencial en los elementos materiales de los actos en que la función se expresa, motivo, contenido y fin. De estos, el elemento, contenido o efecto es el fundamental. La doctrina material de las funciones está larvada en toda clasificación posible, incluso de la formal, porque capta un momento importante del proceso de creación y aplicación del derecho. Si aplicar es atribuir a un sujeto determinado las consecuencias que la norma conecta a la realización de un hecho, previsto por la misma, es claro que el tránsito de la creación a la aplicación, significa un paso de lo general a lo menos general, es decir a lo particular.

Este fenómeno de progresiva reducción de lo general a lo particular ha sido puesto a luz con magistral evidencia por la escuela kelseniana del derecho. Pero, como se dijo, late en el fondo de toda clasificación de las funciones del Estado, sobre todo del Estado Liberal de Derecho, creado sobre la base de la división de poderes y de la consagración de las garantías individuales (derechos públicos frente al Estado, constitucionalmente garantizados).

La Escuela Realista del Derecho creada por el famoso Decano de Burdeos, León DUGUIT, ha sido, sin embargo, la primera en sistematizar científicamente el punto de vista que corresponde a dicha clasificación. Los brillantes continuadores de la Escuela, principalmente Gastón JÈZE, (*Los Principios Generales del Derecho Administrativo*) y Roger BONNARD (*Traité Elementaire de Droit Administratif*) han llevado esa sistematización a sus últimas consecuencias.

La doctrina material de las funciones distingue entre actos jurídicos, situaciones jurídicas y régimen jurídico. En la exposición de sus sistemas adoptan como criterios de distinción entre las funciones los dos primeros actos y situaciones jurídicas y otorgan al último régimen jurídico un carácter totalmente subordinado y consecuente.

Llámese situaciones jurídicas los modos diversos en que el derecho se presenta a la persona, con lo que se dice los modos de regulación jurídica de la conducta.

La característica de esta doctrina radica en fundamentar la distinción de las funciones en la distinción de las diversas situaciones jurídicas, según que sean más o menos generales. El régimen jurídico de las funciones depende exclusivamente del grado de generalidad con que participan en la creación y aplicación del derecho. Será la más importante la más general y a la inversa.

Al efecto de clasificar las funciones se distinguen dos tipos de situaciones, la objetiva y la subjetiva.

La situación jurídica objetiva es la creada por una norma, con independencia de la voluntad del destinatario que se encuentra o puede encontrarse dentro de ella. Es igual para todo el que se coloque dentro de la hipótesis de hecho prevista por la norma, porque tendrán derechos y obligaciones iguales, razón por la cual también es impersonal. Es modificable, porque los derechos y obligaciones que contiene dependen enteramente de la ley que los ha creado y pueden cambiar con ésta. Es permanente, porque esos derechos y obligaciones están diseñados para no extinguirse por su ejercicio y continúan los mismos aunque se haga uso de ellos múltiples veces. La situación llamada subjetiva tiene todas las características opuestas. Proviene de la voluntad de los sujetos colocados dentro de ella, es personal porque se refiere a individuos determinados, es inmodificable porque sólo la puede cambiar la voluntad del sujeto que la creó y es temporal porque se agota y extingue con el primer acto de ejercicio de los derechos o de cumplimiento de las obligaciones que contiene. La situación subjetiva típica es la nacida de un contrato, ley especial del caso concreto.

La doctrina material afirma que hay tres tipos de actos: los que crean situaciones objetivas, los que crean situaciones subjetivas y un tipo intermedio, que, sin crear la situación objetiva, condiciona su aplicación o nacimiento en un caso concreto. El acto creador de situaciones objetivas es llamado acto regla, en razón de su función reguladora. El acto que crea situaciones subjetivas toma el nombre de éstas y se denomina acto subjetivo, y el acto que condiciona el nacimiento de una situación objetiva sin crearla es llamado acto condición.

Las funciones se agotan en actos que necesariamente pertenecen a una de esas tres categorías. La legislación consiste en actos regla, la administración y la jurisdicción en actos subjetivos y actos condición, en lo que son equivalentes. La distinción entre administración y jurisdicción radica en el motivo y el fin del acto correspondiente, y no en el efecto.

La Administración es una función que el Estado actúa para llenar cometidos públicos variables con el lugar y el tiempo, sirviéndose para ello del derecho como un instrumento que dirige y enmarca su conducta. La Justicia en cambio, es una actividad motivada por la existencia de conflictos jurídicos y exclusivamente dirigida a mantener la eficacia del derecho. El derecho es aquí fin principal y no mero instrumento de acción. De este modo administrar es realizar actos subjetivos y actos condición para el desarrollo del bien común, en tanto que hacer justicia es realizar actos de igual naturaleza con motivo de querellas y para evitar la violación del derecho.

Desde este punto de vista, la ley y el reglamento son leyes por igual, dado que ambos son actos regla. La decisión de recursos por la Administración y los fallos de los tribunales son sentencias, porque están motivados en un conflicto entre Administración y administrado y tienen por objetivo resolverlo conforme a derecho. Y son actos administrativos todos los actos de alcance subjetivo que realice el Estado, aunque provengan de la Asamblea Legislativa, por el mero hecho de su efecto particular y concreto.

Esta doctrina está radicalmente equivocada. Es la doctrina dominante en CR y es necesario combatirla, porque implica una visión totalmente deformada de las funciones del Estado.

Desconoce el hecho decisivo de que la división de poderes importa una caracterización formal de las funciones. Ello significa que cuando actos de diverso efecto (por su diverso grado de generalidad) son atribuidos a un mismo Poder, es para que éste les imprima la jerarquía propia y no la del Poder que normalmente hubiera estado sometido a su realización. Caso opuesto, se habrían encomendado a este último. Dada esa jerarquía del Poder, el acto queda sometido a un régimen jurídico formal que es el único decisivo para determinar su naturaleza dentro del ordenamiento.

Un ejemplo aclara lo dicho. Es inútil equiparar el reglamento a la ley, partiendo del hecho cierto pero irrelevante de que ambos son actos regla, actos normativos. Pues se trata de normas enteramente distintas en todos los demás aspectos de su aplicación y vigencia. Así, el reglamento es una ley según la doctrina que criticamos, pero tan peculiar que no puede seriamente equipararse a la ley. No puede reformar ni derogar la ley, no tiene que ser dictado con igual procedimiento, no puede regular materia reservada a la ley, tiene que respetarla so pena de invalidez y puede ser impugnado por la vía contencioso administrativo, que respecto de la ley es inoperante. De este modo es una ley enteramente distinta de la ley común por materia, potencia, resistencia, régimen de impugnación y elementos formales. ¿Qué importancia puede tener su carácter normativo si el mismo no determina un tratamiento jurídico igual al de la ley?

Exactamente igual parangón puede hacerse en relación con los actos subjetivos o condición de la Asamblea Legislativa. Estos actos abundan (artículos 121 incisos 3, 4, 6, 7, 8, 9, 10, 11, 12, 14, 15, 16, 23 y 24 CP) pero son la mejor demostración de que la naturaleza de un acto depende de su jerarquía frente a la Constitución y no de su generalidad. Son actos subjetivos y administrativos, desde un punto de vista material. Pero son actos subordinados únicamente a la Constitución, que tienen rango igual al de la ley y que disfrutan del régimen privilegiado de ésta para todo efecto jurídico. Pueden derogar normas legislativas preexistentes, tienen que ser impugnados por razones de inconstitucionalidad, también como la ley ordinaria. Aunque actos administrativos por su efecto particular, se trata de verdaderas leyes por su rango y régimen jurídico.

Aquel efecto particular y subjetivo carece totalmente de importancia para su clasificación.

El grado decreciente de generalidad tiene importancia para clasificar los actos de un Poder en relación con los otros actos de ese mismo Poder. Es decir, en lo interno de cada Poder rige la regla formulada a través del principio de legalidad de que el acto normativo prevalece sobre el acto concreto, aunque provenga de un órgano inferior al autor de este último. Lo general es superior a lo particular y puede tener un régimen diverso, según regule la ley esa prevalencia. Los reglamentos de cada Poder prevalecen sobre todos los actos concretos del mismo que no pueden derogarlo. Por ello un reglamento emitido regularmente por el órgano competente, prevalece aunque éste órgano sea inferior al autor de dicho acto. El reglamento contrario es antijurídico y puede ser anulado. Ello determina, como es obvio, una diferencia en el régimen jurídico del acto normativo y del acto concreto, dentro de cada Poder. Así el reglamento no será superior para todos los efectos al acto de aplicación del mismo y ello se reflejará en la potencia, la resistencia y el régimen de impugnación de ambos actos.

La prevalencia de lo general sobre lo particular, del acto normativo sobre el acto concreto, sufre grave excepción en las relaciones de Poder a Poder. Pues, dentro de éstas, el acto prevalente es el que emana del Poder y de mayor rango, sin relación con su grado de generalidad, salvo que el ordenamiento expresa e inequívocamente disponga lo contrario. Así, el acto tiene que ajustar al mismo su conducta, como si se tratara de una ley de alcance general, incluso para efecto de enmarcar dentro del límite impuesto por ese acto el reglamento que intente dictar sobre la materia.

En síntesis, la naturaleza de un acto, como parte de una función, depende de la distancia del mismo respecto de la Constitución, la cual se determina, a su vez, por la posición del autor del acto dentro del ordenamiento. Es totalmente irrelevante para la clasificación de las funciones el grado de generalidad del acto, excepto en lo interno de cada Poder, donde rige el principio de que la norma es superior y debe tener régimen jurídico prevalente sobre el acto concreto. Excepcionalmente, el ordenamiento puede conectar el régimen jurídico formal de un acto a sus elementos materiales.

7. CLASIFICACIÓN DE FUNCIONES DE CADA PODER

La distribución de las funciones públicas no es enteramente pura y siempre es posible constatar la existencia de potestades de una determinada naturaleza en Poderes normalmente investidos con potestades diversas. Esto es así con independencia del punto de vista que se adopta para hacer la clasificación de las funciones, tanto si aquél es formal como si es material. La falta de pureza en la distribución de las funciones obedece a razones técnicas de división del trabajo, según la adecuación del aparato y del mecanismo de cada Poder al cometido encomendado, pero influye notablemente en el fenómeno el criterio adoptado para distribuir la función política o de gobierno.

Las siguientes combinaciones son posibles:

a) Funciones externas normales. Se trata de la función que tiene un poder normalmente, porque es la que le ha correspondido en la distribución propia del sistema de división de poderes.

Son llamadas externas porque implican una actividad que afecta al público, extraño a la organización estatal.

b) Funciones externas excepcionales, porque representan una excepción a la regla de la distribución, en razón de ser diversas, por su jerarquía, de las que normalmente corresponden al Poder encomendado.

c) Internas, normales o excepcionales, según la naturaleza del Poder cometido.

Son internas las potestades de preparación de las funciones externas, sin ningún efecto directo sobre las relaciones con los particulares, así como las que tienen por objeto la organización de cada Poder concebido como empresa para su mejor funcionamiento. Estas funciones colocan al Estado en relaciones con los particulares para un fin de sostenimiento del Poder y consisten fundamentalmente en la administración financiera y del personal del mismo. Su índole material es subjetiva y de consiguiente, administrativa, y se realizan bajo el imperio de la ley, razón por la cual son reputadas funciones administrativas, excepcionales cuando corresponden al Poder Legislativo o al Poder Judicial. Se trata de excepciones tácitas, por inevitables, al sistema de división de Poderes.

Dentro de estas potestades internas de cada Poder queda incluida la potestad de auto-organización, que le permite darse el régimen de sus despachos, de las relaciones con el personal y el patrimonio necesarios, y de las relaciones con los usuarios de los respectivos servicios públicos, si alguno se presta en concreto. Esta potestad carece de fundamento expreso y tiene por único fin mantener la eficiencia estatal en la prestación de sus servicios o actividades. Las normas correspondientes son -como el orden parcial a que pertenecen- puramente internas y van destinadas únicamente a los sujetos dichos, empleados públicos o usuarios, razón por la cual no pueden invocarse como tales normas fuera del ámbito de aquel orden interno, ante los tribunales del Estado. Frente a éstos son reglas técnicas de orden y de ejecución del trabajo estatal, que forman un calificado índice de la oportunidad de las medidas adoptadas a su amparo y cuya violación, de privar el acto de un mínimo de conveniencia, puede dar lugar a un vicio de exceso de poder. Las funciones internas, en síntesis, son o bien actos sometidos al derecho privado como los que se examinarán, o bien actos administrativos, incluso si son normativos, dado que, en esta hipótesis, carecen de valor como tales dentro del ordenamiento general del Estado.

En relación con las funciones llamadas externas excepcionales, cabe advertir que el régimen jurídico de los actos correspondientes será el de la función normal, sea cual fuere su naturaleza material, a condición de no desprenderse lo contrario en forma explícita o inequívoca del texto constitucional que atribuye la potestad.

8. CONCEPTO DE ADMINISTRACIÓN (SUJETO) Y ADMINISTRACIÓN (ACTIVIDAD)

Todas las funciones públicas analizadas hasta aquí parecen expresarse en actos típicos, que podemos llamar imperativos. Así, el administrador dice e impone a los demás el patrón de su conducta mediante el acto jurídico administrativo. Cuando la Administración expropia contra la voluntad del dueño de la finca, o cancela una concesión de ferrocarriles porque la considera técnicamente atrasada, u ordene pagar un impuesto, realiza actos que privan de derechos o imponen obligaciones sin la voluntad y aún contra la voluntad de los afectados, como el expropiado, el concesionario o el contribuyente. Estos actos que emanan de una sola voluntad y para perjuicio de un sujeto extraño, son llamados actos de imperio, porque son actos que imponen a otro un mandato. Estos actos sólo pueden venir del Estado o de una concesión del Estado y nunca pueden darse entre particulares, por la estructura de sus relaciones jurídicas.

Pero el Estado realiza también otro tipo de actividades que están a mano del particular, como los contratos y los servicios materiales. Los particulares también pueden contratar entre sí al amparo del derecho y prestarse servicios en forma transitoria o continua. Los particulares pueden también, como el Estado, realizar actividades materiales sin ningún elemento importante de voluntad o de juicio, actividades que son preparación o ejecución de actos de esta última índole. ¿Cuál es la diferencia entre estas actividades del particular y las que podríamos llamar actividades no imperativas del Estado? ¿Hay alguna diferencia entre un contrato privado y un contrato de la Administración, entre el servicio de la enseñanza oficial y el de la privada, entre la construcción de un edificio público y la de una casa privada?

Salta a la vista, que el derecho prohíbe toda actividad imperativa entre particulares, mientras que permite las actividades materiales o contractuales. En punto a contratos y actos materiales, el Estado desarrolla una actividad paralela a la del particular, y puede afirmarse que ambos hacen lo mismo desde el punto de vista de la conducta regulada por el derecho, del objeto de la regulación. Pero obviamente, hay graves diferencias entre el régimen de los contratos y de las actividades materiales del Estado y el de las del particular, desde el punto de vista de su contenido. Los contratos y los actos materiales presentan ciertas características esenciales en ambos campos, que permiten utilizar en ambos por igual un concepto común de aquellos. Pero, fuera de esta básica igualdad, existen grandes diferencias en cuanto a las disposiciones del derecho administrativo y del derecho privado sobre los poderes y deberes de los sujetos en relación con dichas actividades contractuales o materiales. No cambia el objeto básico, pero sí el contenido de la regulación jurídica operada.

Todos estos conceptos de diferencia entre la regulación de los contratos y las actividades materiales por el derecho administrativo y por el derecho civil, pueden resumirse en dos fundamentales: el derecho administrativo regula esa conducta, dando prevalencia al interés público en favor de la Administración, o dando prevalencia al interés público a favor del particular.

Desde este punto de vista, el régimen de los contratos y de las actividades materiales de la Administración está siempre expresado en el derecho administrativo en dos institutos fundamentales: el privilegio de la Administración para conseguir el fin público, cuyo aspecto saliente es la potestad para realizar actos de imperio, incluso dentro de una relación contractual; o la limitación y sujeción de la Administración a deberes, prohibiciones y responsabilidades que tampoco se dan en las relaciones de derecho privado, cuyo mejor ejemplo es el principio de legalidad, que después examinaremos detenidamente.

Resulta imposible enumerar todos los casos posibles de privilegios o sujeciones especiales, porque su fundamentación y explicación es precisamente tarea general del derecho administrativo. Pero basta una sucinta enumeración para formar una idea más clara de lo dicho. Así, privilegios son las potestades de mando de la administración en todas sus formas, la inembargabilidad de los bienes del Estado, la necesidad del agotamiento de la vía administrativa para demandarlo, la ejecutoriedad del acto administrativo, la publicación automática y sin necesidad de inscripción en el Registro Público de la propiedad o dominio público del Estado, el efecto *erga omnes* de la anulación del acto administrativo en vía administrativa, etc. Limitaciones y sujeciones especiales son, en cambio, la legalidad necesaria de la conducta administrativa, los principios fundamentales del servicio público (igualdad en la prestación, modificabilidad del servicio por ley o reglamento, continuidad del servicio), la necesidad de limitación pública para escoger el contenido y el contratante en los principales contratos públicos, la imposibilidad de vender, hipotecar o disponer de los bienes de dominio público (de uso o de servicio público), la racionalidad en el ejercicio de sus potestades discrecionales, los controles internos sobre los actos de la Administración (como las que nuestra Contraloría General de la República puede desplegar), etc.

Las normas que establecen estos privilegios y sujeciones especiales, inexistentes en el derecho privado, son inderogables en la mayoría de los casos. El Estado puede prescindir de las mismas y suplirlas con medios adecuados a su propia voluntad cuando recurre al ejercicio de su capacidad de derecho privado, pero lo normal es que su aplicación sea imperativa. Su conjunto constituye el derecho público. La actividad regulada por éste es la actividad verdaderamente administrativa de la Administración. Podemos dar un concepto final de la Administración en sentido objetivo, que abarque no sólo la actividad imperativa, sino también a su actividad material y contractual, diciendo que *"es la actividad del Poder Ejecutivo (y la interna del Legislativo y Judicial) regulada por el derecho público, mediante el conferimiento de privilegios o la imposición de sujeciones especiales, según un régimen legal imperativo"*. Administración en sentido subjetivo, como Poder u organización. *"Sería el conjunto de órganos encargados de la Administración en sentido objetivo, es decir: el Poder Ejecutivo y los demás entes públicos constitucionalmente equiparados a éste para administrar"*. Definiciones ambas, que suponen la previa de derecho público y administrativo. ¿Qué son estos?

LAS FUNCIONES DEL PODER

Agustín Gordillo

Tomado del Capítulo IX, Tomo I, de su *Derecho Administrativo*, Buenos Aires

1. LA DIVISIÓN DE LOS PODERES Y LA LIBERTAD

MONTESQUIEU, partiendo de la hipótesis de que todo hombre que tiene poder tiende a abusar de él,[1] concibió su teoría de la separación de los poderes:[2] que el poder contenga al poder,[3] lo que se lograría dividiendo el poder estatal y oponiendo las partes respectivas para que se refrenen recíprocamente;[4] ello a su vez se consigue distribuyendo

---

1   1.1 *"C'est une experience éternelle, que tout homme qui a du pouvoir est porté à en abuser: il va jusqu'à ce qu'il trouve des limites."*

2   1.2 Ampliar en BOSCH, JORGE TRISTÁN, *Ensayo de interpretación del principio de separación de los poderes*, Buenos Aires, 1944; IMBODEN, MAX, *Montesquieu und die Lehre der Gewaltentrennung*, Berlín, 1959; MARTÍN MATEO, *Manual de derecho administrativo*, Madrid, Trivium, 1999, 20ª ed., p. 38 y ss.

3   1.3 *"Pour qu'on ne puisse abuser du pouvoir, il faut que, par la disposition de choses, le pouvoir arrête le pouvoir."*

4   1.4 Es lo mismo que en la doctrina norteamericana, donde se habló antes del sistema de "frenos y contrapesos" y ahora de la fractura del poder. Acerca

las funciones estatales entre diferentes órganos constitui-
dos por personas físicas distintas. Ya hemos visto que el
sistema se perfecciona hoy en día con más transferencias y
hasta fractura del poder, como medio de preservar la libertad frente al poder.

Cómo se realizará la distribución de funciones, es algo
que ha sido solucionado de diferente manera en la Constitución de cada país; pero en general la mayoría ha introdu-
cido el principio de la separación de los poderes tratando
de seguir en lo más importante la triple premisa a que dio
lugar la teoría de MONTESQUIEU: *que el que hace las leyes
no sea el encargado de aplicarlas ni de ejecutarlas; que el que las
ejecute no pueda hacerlas ni juzgar de su aplicación; que el que
juzgue no las haga ni las ejecute.*

Surge así el germen de los conceptos de Legislación,
Administración y Justicia, conceptos que todavía se man-
tienen en constante elaboración. Precisando el lenguaje se
habla ya más de "separación de funciones," antes que de
separación de poderes ya que el poder es uno solo,[5] pero se
mantiene el principio de que ella tiene por finalidad coor-
dinar el ejercicio del poder público y evitar que pueda ser
fuente de despotismo o arbitrariedad.[6]

---

del significado y finalidad de la división de los poderes como garantía de la
libertad, ampliar en VANOSSI, JORGE REINALDO A., *Teoría constitucional*, t. I, Buenos Aires, 1975, pp. 481-3

5   1.5 Con todo, por tradición, se sigue llamando "poderes" a los órga-
     nos básicos del Estado: "Poder Legislativo," "Poder Ejecutivo" y
     "Poder Judicial." Respecto a la crítica a la concepción tradicional,
     ampliar en XIFRA HERAS, JORGE, *Curso de derecho constitucional*, t.
     II, Barcelona, 1962, p. 120.

6   1.6 En igual sentido, posteriormente, MARIENHOFF, MIGUEL S., *Tratado
     de derecho administrativo*, t. 1, Buenos Aires, Abeledo-Perrot, 1965, p. 35.

Es de cierta importancia recordar que en el pasado a veces se incurría en el error de suponer que la división de poderes significaba que cada uno de los tres poderes era "soberano en su esfera," es decir que cada poder legislaba, administraba y juzgaba en lo relativo a su propia actividad. Tal concepción es completamente errada, pues lo esencial de la teoría analizada es la división de *funciones* y no sólo la división en *órganos*: una división en órganos no acompañada de una división de funciones no es verdaderamente garantía de libertad ni responde a la finalidad buscada.[7]

De tal modo, la división de poderes significa que cada poder, cada órgano del Estado, tenga a su cargo *una sola función del Estado*; que esto no se realice con perfección en la práctica, no significa *que la teoría misma* pueda ser enunciada en el sentido criticado, de que cada poder deba realizar *las tres funciones* en su propia esfera de actividad. La "división de los poderes" se manifiesta en una "separación de funciones," transferencia y hasta fractura de poderes y "órganos."

Se sienta entonces el principio de que para que el poder contenga al poder, para que no exista absolutismo ni la suma del poder público, *es imprescindible que el poder estatal sea ejercido por órganos diferenciados, cuantos más mejor.*

El Estado tendrá así diversos tipos de órganos: legislativos, judiciales, administrativos[8] y autoridades administra-

---

7   1.7 GIACOMETTI, ZACCHARIA, *Allgemeine Lehren des rechtsstaatlichen Verwaltungsrechts*, t. I, Zurich, Polygraphischer Verlag, 1960, p. 37 y ss.

8   1.8 Este es el esquema tradicional, recogido p. ej. en *Pampa Grande*, sala IV, 11 de julio de 1996, con cita de ELÍAS DÍAZ, *Estado de Derecho y So-*

tivas independientes, con una tendencia progresiva a la fractura múltiple del poder como garantía de libertad.[9] Los órganos legislativos son las cámaras que integran el Congreso de la Nación;[10] los órganos judiciales se destacan por constituir órganos *imparciales* (ajenos a la contienda) e *independientes* (no sujetos a órdenes de ningún superior jerárquico acerca de cómo deben desempeñar su función específica); los órganos administrativos, a diferencia de los judiciales, se caracterizan por ser órganos estructurados jerárquicamente, esto es, que dan o reciben órdenes: no son, pues, independientes.[11]

A ellos se agregan las autoridades administrativas independientes: los excesos no han venido nunca de manos del poder judicial o legislativo, sino siempre del ejecutivo; por ello es a éste que se trata de quitar poder y transferirlo a autoridades independientes de su control.

---

ciedad Democrática, Madrid, 1969, p. 31 y ss.; *Rodríguez, Gerardo Walter*, sala I, 29-XI-92

9   1.9 Las autoridades administrativas independientes que consagra la Constitución de 1994 deben agregarse al sistema de división o fractura del poder.

10   1.10 Y este tema, como señala VANOSSI, puede en definitiva reducirse a una opción: creación autocrática o creación democrática de las leyes (pp. 487 y ss., 497 y ss.); ver *supra*, cap. I, § 5, "Las «leyes» que no son leyes," e *infra*, cap. VII, § 5.3., "Los decretos-leyes o así llamadas «leyes» de los gobiernos de facto."

11   1.11 Como dice MERKL, ADOLF, *Teoría general del derecho administrativo*, Madrid, 1935, p. 59, los órganos administrativos están regidos por relaciones de dependencia que se traducen en "el derecho a dar instrucciones del órgano superior y en el deber de obedecerlas del órgano inferior.

2. SOLUCIONES Y DIFICULTADES EXISTENTES

Todo sería sencillo si las funciones legislativa, administrativa y jurisdiccional estuvieran respectiva y exclusivamente a cargo de los órganos legislativo (Congreso), administrativos (órganos dependientes del Poder Ejecutivo) y judiciales (órganos independientes). Pero las dificultades surgen de que ello no es así; de que cada órgano no se limita únicamente a la función que le corresponde y que, por lo tanto, la separación de funciones en cuanto atribución de éstas a órganos diferenciados, se realiza tan sólo imperfectamente; a lo que cabe agregar que constitucionalmente existen órganos administrativos que realizan funciones administrativas pero son, o al menos tienen la directiva constitucional de ser, tan independientes e imparciales como los órganos judiciales. De allí también la dificultad en hallar la noción que identifique plenamente a cada una de las funciones estatales.

En efecto, la práctica y la doctrina han ido elaborando soluciones para casos concretos, antes que lineamientos generales convincentes. Es por ello que si en algunos casos puede afirmarse pragmáticamente con certeza de qué tipo de función se trata, en los más la duda es inevitable y permanente. De las soluciones existentes veamos p. ej. los actos y hechos que realiza el Congreso. Se conviene en que su actividad de control sobre el Poder Ejecutivo (investigaciones, pedidos de informes, venias, autorizaciones, etc.) es actividad administrativa; lo mismo se admite para otras labores propiamente ejecutivas del mismo cuerpo: así, todo lo referente a la biblioteca (organización, funcionamiento, compra de libros y de material, ficheros, etc.), a la imprenta (adquisición de material, edición de los diarios de sesiones, venta de éstos, etc.), al servicio de la confitería (el otorgamiento de la concesión respectiva, su control, etc.) y en general al nombramiento, dirección y remoción de los empleados del Congreso. Estos actos, que *orgánicamente* (es decir, en razón del órgano que los dicta) son legislativos, *materialmente* (en razón de su contenido) son entonces administrativos.

Lo mismo ocurre con el Poder Judicial: cuando éste nombra y dirige o remueve a sus empleados, cuando alquila sus locales o los adquiere, cuando compra libros, edita fallos, adquiere papel, tinta, etc., evidentemente realiza actividad materialmente administrativa, a pesar de no ser un órgano administrativo sino judicial el que la ejecuta.

No se soluciona el problema con afirmar que estas actividades son "seudoadministrativas"[12] y que tan sólo presentan una cierta "semejanza"[13] con la actividad administrativa *stricto sensu*, pues es obvio que ninguna diferencia intrínseca podrá encontrarse entre el acto de nombrar un ordenanza para el Palacio de Justicia o el acto de nombrar un ordenanza para el Ministerio del Interior; entre el acto de pedirle un café al primer ordenanza o de pedírselo al segundo; entre el acto de adquirir papel y lápices para una oficina de tribunales o el acto de adquirirlos para un Ministerio del Poder Ejecutivo. Pero el problema no termina allí: a más de esa innegable identidad material entre la actividad administrativa del Poder Judicial y del Congreso con respecto a la que realiza el Poder Ejecutivo, existe una identidad de régimen jurídico que es decisiva.

---

12 2.1 GARRIDO FALLA, FERNANDO, *Tratado de derecho administrativo*, t. I, Madrid, Tecnos, 1987, 10ª ed., p. 37; comparar 4ª ed., 1966, pp. 26-30.

13 2.2 GARRIDO FALLA, *op. cit.*, p. 31 de la 2ª ed.

No puede afirmarse que los actos de tipo administrativo de los poderes Legislativo y Judicial "están al margen del régimen jurídico administrativo,"[14] a menos que se entienda por tal, sólo y exclusivamente, las normas positivas que son de aplicación a la administración central. Por lo menos en el derecho administrativo argentino, son sus principios los que se aplican a las actividades administrativas de los tres poderes, e incluso en algunos casos las mismas normas positivas son comunes.

No debe llamar a engaño el que a veces haya distintos textos normativos de aplicación a una u otra actividad, si el régimen sigue siendo el del derecho administrativo: no porque haya un régimen jurídico básico de la función pública de la administración pública nacional (central) y otro semejante para el personal de la justicia nacional, p. ej., podrá pensarse que este último no integra ya el derecho administrativo.

Sobre esto y con pocas excepciones hay acuerdo en doctrina; las dificultades más serias comienzan cuando se trata de analizar la actividad de los propios órganos administrativos. Estos órganos dictan actos materialmente similares a los actos legislativos y jurisdiccionales (como ejemplo de lo primero, cuando crean reglamentos, de lo segundo, cuando se deciden recursos jerárquicos presentados por los administrados contra actos de órganos inferiores), pero pareciera predominar actualmente la opinión de que tanto los reglamentos como las decisiones en casos concretos son actividad administrativa a pesar de su similitud con la legisla-

---

14   2.3 GARRIDO FALLA, *op. cit.*, p. 32 de la 2ª ed. En la 4ª ed., en cambio, el autor se orienta a una distinción entre "función ejecutiva" y "función administrativa."

tiva y jurisdiccional; la razón de ello está, a juicio nuestro, en que su régimen jurídico es precisamente también el del derecho administrativo.

3. DISTINTOS CRITERIOS PARA CONCEPTUAR LA FUNCIÓN ADMINISTRATIVA. CRÍTICA

¿Es posible hallar algún criterio general que partiendo de esas soluciones llegue a un concepto útil para cada una de las funciones del Estado?

Normalmente se considera que la función legislativa es la creación de normas generales de conducta, imperativas, para todos los habitantes,[15] y que la función jurisdiccional es la decisión imperativa de contiendas entre partes, determinando el derecho aplicable,[16] pero no hay hasta el presente un concepto de función administrativa que pueda ser armonizado con los dos anteriores.

Todos los conceptos existentes de "función administrativa" son incompatibles en alguna medida con las otras dos nociones y si bien ello ha sido evidente, los nuevos intentos buscan en general dar un nuevo concepto de función administrativa antes que modificar o precisar específicamente el de función legislativa o jurisdiccional.

---

15   3.1 Eso es lo principal: los autores agregan detalles como "la permanencia," "la novedad," etc., pero ello no quita la claridad del concepto básico.

16   3.2 Al igual que el concepto material de legislación, el de jurisdicción es susceptible de agregados; pero lo principal a efectos de lo aquí tratado es lo ya señalado.

Se sostuvo primero que la función administrativa es la que realiza el Poder Ejecutivo,[17] criterio insuficiente por cuanto según hemos visto los otros órganos estatales (legislativos y jurisdiccionales) también realizan funciones administrativas.

Se dijo luego que función administrativa es la actividad estatal que resta luego de excluidas la legislación y la jurisdicción,[18] a lo que se observa que en realidad no resuelve nada, pues si en muchos casos es manifiesto que no hay legislación ni jurisdicción —y por lo tanto sí administración—, quedan muchos más en los que se duda de qué actividad se trata.[19]

Un criterio residual o negativo, en efecto, solamente puede ser útil en la medida en que pueda precisarse aquello que se excluye: no estando aproximativamente estipulado el concepto de las funciones excluidas, no resulta entonces clara la caracterización o descripción de lo que se identifica como residual.

---

17 3.3 SANTAMARÍA DE PAREDES, VICENTE, *Curso de derecho administrativo*, Madrid, Ricardo Fé, 1903, 6ª ed., p. 34. En cualquier caso, cabe puntualizar en el pasado reciente, un objetable desplazamiento del poder hacia el Poder Ejecutivo: GELLI, MARÍA ANGÉLICA, *Constitución de la Nación Argentina. Comentada y concordada*, Buenos Aires, La Ley, 2001, pp. 582-4. La tendencia parece trastabillar durante el estado de emergencia iniciado a partir del año 2002, con presidentes sumamente débiles y un estado semiparlamentario, aunque parece difícil por el momento extraer conclusiones duraderas.

18 3.4 FLEINER, FRITZ, *Instituciones de derecho administrativo*, Madrid, 1933, p. 7

19 3.5 Confr. ANTONIOLLI, WALTER, *Allgemeines Verwaltungsrecht*, Viena, Manzsche, 1954, p. 3.

Ante el fracaso del concepto orgánico y del negativo, se intentó definir a la función administrativa en forma material, como:

a) "la actividad práctica que el Estado desarrolla para cuidar, de modo inmediato, los intereses públicos que asume en los fines propios,"[20]

b) "la actividad concreta del estado dirigida a la satisfacción de las necesidades colectivas, de manera directa e inmediata,"[21] o "la actividad del Estado dirigida a la creación o prohibición (*Verhinderung*) de algo nuevo en casos individuales,"[22]

c) "una de las funciones del Estado que tiene por objeto la satisfacción directa e inmediata de las necesidades colectivas por actos concretos, dentro del orden jurídico y de acuerdo con los fines de la ley,"[23]

d) como "la actividad permanente, concreta y práctica, del Estado que tiende a la satisfacción inmediata de las necesidades del grupo social y de los individuos que lo integran."[24]

Todos estos conceptos de tipo material y positivo —es decir, que definen directamente y no por exclusión la esencia misma de la función administrativa—, si bien dan una cierta idea de lo que es administración, son imprecisos.

---

20 3.6 ZANOBINI, GUIDO, *Corso di Diritto amministrativo*, t. I, Milán, Giuffrè, 1958, 8ª ed., p. 13.

21 3.7 D'ALESSIO, E., *Istituzione di diritto amministrativo*, t. I, Turín, 1949, 4ª ed., p. 17.

22 3.8 JELLINEK, WALTER, *Verwaltungsrecht*, Berlín, 1931, 3ª ed., p. 6.

23 3.9 VILLEGAS BASAVILBASO, BENJAMÍN, *Derecho administrativo*, t. I, Buenos Aires, TEA, 1956, p. 660.

24 3.10 MARIENHOFF, Tratado de derecho administrativo, *op. cit.*, p. 43.

Todas esas definiciones, en efecto, conceptúan a la función administrativa como realización de algo concreto en casos individuales —oponiéndola así a la legislación (norma abstracta de tipo general) y a la jurisdicción (norma individual, pero abstracta)—; más esa noción no es adecuada, por cuanto ya se ha visto que la potestad reglamentaria de la administración integra la función administrativa,[25] siendo que es precisamente lo contrario de las definiciones citadas (pues el reglamento es una norma abstracta de tipo general).

Este tipo de definición material no puede prosperar, en consecuencia, pues la función administrativa comprende actividades que son materialmente idénticas a la función legislativa (los reglamentos) y a la función jurisdiccional (la decisión adoptada por el Poder Ejecutivo ante un recurso jerárquico presentado frente al acto de un órgano inferior), tomadas éstas también en sentido objetivo.

Finalmente se produce un retorno al criterio orgánico, considerándose que función administrativa es aquella parte de la función estatal que es realizada por órganos administrativos, a cuyo efecto se aclara que son órganos legislativos aquellos facultados directamente por la Constitución para dictar disposiciones generales (con lo cual se excluyen los reglamentos del concepto de legislación), órganos jurisdiccionales aquellos que aplican el derecho en situación

---

25   3.11 MEEHAN, "El concepto de administración pública," *Cuadernos de los Institutos*, 103: 187 (Córdoba 1969), p. 187, no sortea esta dificultad al definirla como "aquella actividad funcional del Estado que atendiendo a los cometidos de éste, se manifiesta por actos de efectos individuales, conforme al Derecho y sujeta al contralor jurisdiccional."

de independencia y órganos administrativos los que se encuentran sujetos a órdenes (*weisungsgebundenen*); con lo cual el concepto final sería: la función realizada por el conjunto de órganos regidos por relaciones de dependencia que se revelan en el derecho a dar instrucciones del órgano superior y en el deber de obedecerlas del órgano inferior;[26] a lo cual se observa lo mismo que a la primera definición: que los otros órganos también realizan funciones administrativas (*supra*, § 2).

4. LA CONTRAPOSICIÓN DEL CRITERIO ORGÁNICO (O SUBJETIVO, O FORMAL) Y EL MATERIAL (U OBJETIVO O SUSTANCIAL)

De lo dicho se desprende que, además del concepto negativo ("administración es lo que no es ni legislación ni jurisdicción"), hay dos criterios distintos de tipo positivo que han sido propuestos para diferenciar las funciones estatales: el orgánico y el material o sustancial. Desde el punto de vista orgánico (a veces llamado "formal"), según el acto sea realizado por un órgano jurisdiccional (independiente), administrativo (dependiente) o legislativo (de índole constitucional), nos encontraríamos ante una función de tal o cual tipo; pero este criterio es insuficiente y, tomado a la

---

26 3.12 MERKL, *op. cit.*, p. 59; en igual sentido ANTONIOLLI, *op. cit.*, p. 4 y ss.; GARRIDO FALLA, *op. loc. cit.*; DIEZ, MANUEL MARÍA, *Derecho administrativo*, t. 1, Buenos Aires, Plus Ultra, 1965, p. 99 y ss., p. 106; posteriormente se inclina por un concepto material: "Control judicial de la administración. El proceso administrativo," *Revista de Derecho Administrativo*, § 1: 11, 19 (Buenos Aires, 1971). 4.1 Debe además cumplir otros postulados: *supra*, cap. I, § 5, "Las «leyes» que no son leyes."

letra, erróneo, por cuanto en los órganos legislativo y juris-diccionales también se realizan funciones administrativas.

Desde el punto de vista material, es decir, ateniéndonos a la descripción externa de los actos mismos, serían actos legislativos los que establecen reglas de conducta humana en forma general e imperativa (o sea, son actos legislativos los que crean normas o reglas de derecho), jurisdiccionales los que deciden con fuerza de verdad legal una cuestión controvertida entre dos partes, determinando el derecho aplicable. Y son actos de la función administrativa los que constituyen manifestaciones concretas (por oposición a abstractas, como lo son la legislación y la jurisdicción) de voluntad estatal. Pero atenerse a este criterio es como decir que los tres poderes realizan las tres funciones y que no existe, en suma, división de poderes ni sistema de frenos y contrapesos alguno. Es destruir el sistema constitucional por vía de conceptos y definiciones que lo contrarían y pervierten. En particular, ya explicamos por qué sólo me-rece jurídicamente (conforme al ordenamiento supranacio-nal) el tratamiento de *ley*, aquella emanada del Poder Le-gislativo.

Este criterio también es insuficiente, pues ya hemos visto que la función administrativa no siempre se limita a mani-festaciones concretas de voluntad.

Pero además es erróneo y de una peligrosidad política extrema para la vigencia de un Estado de derecho.

5. INSUFICIENCIA DE LOS CRITERIOS "SUBJETIVO" Y "OBJETIVO"

Ninguno de estos criterios es de por sí suficiente para distinguir las funciones del Estado, pues hay actos *mate-*

rialmente legislativos que son *orgánicamente administrativos;* actos *materialmente administrativos* que son *orgánicamente legislativos* (las investigaciones, pedidos de informes, autorizaciones, etc. Que conceden o realizan las Cámaras); actos *materialmente administrativos* que son *orgánicamente judiciales* (las autorizaciones y venias que tienen a su cargo los tribunales: el nombramiento y remoción de los empleados judiciales; la superintendencia ejercida por la Suprema Corte). Hay además actos materialmente jurisdiccionales que son orgánicamente administrativos, p. ej. cuando el Poder Ejecutivo decide un recurso jerárquico, etc.

Así entonces, en sentido *material*, el órgano administrativo realiza no sólo funciones administrativas sino también legislativas y jurisdiccionales; el órgano jurisdiccional no sólo funciones jurisdiccionales sino también administrativas; el órgano legislativo no sólo funciones legislativas sino también administrativas.

Este entrelazamiento de funciones en sentido material que realizan los órganos estatales demuestra que no puede hallarse un criterio orgánico o material *positivo* y *puro* para conceptuar cada una de las funciones: es necesario buscar un *criterio mixto*, que combinando elementos de uno y otro tipo pueda ofrecer una noción útil, aunque resulte menos elegante que las demás.[27]

Por ello, al margen de las críticas metodológicas que puedan indicarse a un criterio que pretenda identificar la

---

27   5.1 En igual sentido COMADIRA, JULIO R., "Función administrativa y principios generales del procedimiento administrativo," en su libro *Derecho administrativo*, Buenos Aires, Depalma, 1997, p. 115 y ss.

"sustancia" o "esencia" de la actividad administrativa,[28] para de allí deducir su concepto y su régimen jurídico (siendo que, a la inversa, es del régimen jurídico objetivo que ha de deducirse la caracterización y consiguiente definición a estipularse), debe de todos modos señalarse que no existen elementos definitorios propios y exclusivos de la función administrativa, en el sentido que se pretende. A menos que se opte por decir

> que el reglamento es función legislativa y el acto administrativo *en todos los casos* función jurisdiccional, resulta obvio que la función administrativa, en el sentido de actividad del Estado regida por el derecho administrativo, se manifiesta no solamente a través de actividad *concreta y práctica* (conducta material), sino también a través de actividad *normativa, general* (el reglamento) o *particular* (el acto administrativo).

De nada sirve, pues, decir que se adopta un criterio objetivo o material de función administrativa, si no se puede identificar o caracterizar cuál es el supuesto objeto o contenido de la función administrativa que *ésta y sólo ésta tiene* y del cual *carecen las otras funciones*. La afirmación de haber elegido un criterio material u objetivo es en tales casos vacía o carente de contenido, por cuanto no identifica ni describe adecuadamente el pretendido objeto. Va de suyo que en nuestro modo de ver el problema, dicha identificación o descripción material única no es factible ni de acuerdo al régimen jurídico existente y no es, en consecuencia, útil como noción jurídica.

---

28 5.2 *Supra*, cap. I, § 6, "Lenguaje, método y derecho administrativo" y § 8, "La definición de las palabras del derecho administrativo como problema metodológico."

6. CONCEPTO ORGÁNICO-MATERIAL DE FUNCIÓN LEGISLATIVA

Podemos ya observar un dato en este entrecruzamiento de funciones: en materia de *función legislativa* el criterio objetivo o material no designa suficientemente a la función y es necesario agregarle una referencia al órgano respectivo.

Sucede así que el régimen jurídico de la función legislativa se aplica únicamente a los actos que sean *materialmente legislativos y que además hayan sido realizados por el órgano legislativo*. Las imperfecciones temporarias de nuestra actualidad política, en que el desvarío que provoca la perpetua emergencia económico-financiera lleva a un abuso de los reglamentos de necesidad y urgencia no puede elevarse a nivel de principio teórico. Sería tanto como proponer a nivel teórico que la emergencia sea la regla y la normalidad, la excepción.

Una cosa es saber ver la realidad actual y otra construir una teoría constitucional de ella. El llamado "derecho descartable" no es, precisamente, derecho.

En efecto, aunque los otros poderes del Estado parecen ejercer también, en ciertos casos, función legislativa, ello no es así desde el punto de vista jurídico. En el caso del Poder Ejecutivo ello se advierte al considerar los reglamentos: éstos están integrados por normas jurídicas generales emitidas unilateralmente por la administración. Su contenido material es, pues, similar al contenido de las leyes: ambos contienen normas jurídicas generales.

Sin embargo, ocurre aquí que el régimen jurídico aplicable a los reglamentos no es en modo alguno el aplicable a la función legislativa. *a)* En primer lugar existe una gradación jerárquica entre la ley y el reglamento, a resultas de la cual el segundo está siempre sometido a la primera y no puede contradecirla en ningún caso, pues si lo hace es considerado antijurídico; la ley en cambio puede contradecir lo que expresa una ley anterior, sin ser por ello antijurídica: simplemente deroga la ley a la que se opone.

b) Además, las atribuciones de regular los derechos individuales están conferidas por la Constitución específicamente a la ley (cuando dice en el art. 14: "gozan de los siguientes derechos conforme a *las leyes* que reglamentan su ejercicio"), mientras que el reglamento tiene sólo una función secundaria y supletoria con respecto a la ley. Esta notoria diferencia de régimen jurídico entre la ley y el reglamento demuestra que el concepto *jurídico*, formal, de función legislativa, no puede comprender a los reglamentos, a pesar de que por su contenido sean similares.[29] En un Estado de derecho democrático y liberal los órganos administrativos, pues, no ejercen función legislativa.

En el caso del Poder Judicial la cuestión es idéntica: los reglamentos que en algunas oportunidades dicta la justicia para regir su funcionamiento interno no tienen el mismo régimen jurídico de las leyes ni pueden oponérseles; están pues en una gradación jerárquica inferior y no pueden ser considerados formalmente, desde el punto de vista jurídico estricto, como "función legislativa."

La jurisprudencia tampoco puede considerarse como función legislativa (salvo por extensión en el caso de los

---

29 6.1 Ampliar en el cap. VII, "Fuentes nacionales del derecho administrativo." Conf. LINARES, *Fundamentos de derecho administrativo*, Buenos Aires, Astrea, 1975, p. 205.

fallos plenarios), pues ella no es siquiera una regla general, sino tan sólo la reiteración de un determinado criterio de interpretación del orden jurídico, en cada caso concreto.

Por lo demás, la Corte Suprema de Justicia Nacional ha declarado que "el ingente papel que en la elaboración del derecho incumbe a los jueces, comprensivo de la declaración e interpretación de las normas jurídicas generales vigentes, de su sistematización y de la suplencia de sus lagunas, con arreglo a principios conocidos —art. 16 del Código Civil—, no llega hasta la facultad de instituir la ley misma. No es lícito a los magistrados judiciales argentinos [...] atribuirse [...] facultades legislativas de que carecen."[30]

En lo que respecta a los fallos plenarios y su obligatoriedad, hay que distinguir dos aspectos: en lo que hace a *las Salas* que integran la Cámara respectiva y en lo que se refiere a los jueces inferiores.

En el primer punto hay simplemente un pronunciamiento jurisdiccional concreto: como las Salas no constituyen tribunales aislados sino que son parte de *la Cámara, es perfectamente razonable que deban ajustarse* a la opinión de la mayoría. En cuanto hace a los jueces inferiores, estimamos que es inconstitucional exigir de un juez que falle de acuerdo a la interpretación del derecho que hace un tribunal superior. Ya ha dicho también la Corte Suprema que "la facultad de interpretación de los jueces y tribunales inferiores no tiene más limitación que la que resulta de su propia conciencia de magistrados."[31] Por ello pueden y deben poner en ejercicio todas sus aptitudes y medios de in-

---

30 6.2 CSJN, *Fallos*, 234: 82, 98, *Delsoglio*, 1956.
31 6.3 CSJN, *Fallos*, 131: 105-110, *Ferrocarril del Sud*, 1920.

vestigación legal, científica o de otro orden, para interpretar la ley, si la jurisprudencia violenta sus propias convicciones.[32] La inconstitucionalidad deriva de que viola la independencia del juez, lo que hace a los principios fundamentales de nuestro sistema institucional.[33]

Si por el contrario se admitiera la constitucionalidad de los fallos plenarios, la solución no varía, pues en tal caso habría obviamente una delegación del Congreso al Poder Judicial, delegación que estaría destinada a la fijación del "recto" sentido de la ley dictada por el Congreso. En tal alcance, el fallo plenario tendría la misma jerarquía normativa que un reglamento delegado; se dicta en virtud de una ley que delega la facultad pertinente y obliga en la medida en que el legislador así lo ha dispuesto; con ello, resultaría que el fallo plenario, por su carácter normativo delegado y no originario, tendría también contenido de tipo administrativo reglamentario. Lo mismo cabe sostener de las acordadas que dictan los tribunales, que constituyen típicos actos reglamentarios, de contenido y régimen administrativo: están por debajo de la ley y si la violan son antijurídicos.

Desde el punto de vista jurídico, entonces, el Poder Judicial no realiza función legislativa. La conclusión a que arribamos es así que la función legislativa en estricto sentido jurídico, es únicamente realizada por el Poder Legislativo.

---

32   6.4 CSJN, *Fallos*, 131: 105-110, *Ferrocarril del Sud*, 1920.
33   6.5 VILLEGAS BASAVILBASO, *op. cit.*, t. I, p. 27 y ss.

Podemos definir entonces a la función legislativa como "el dictado de normas jurídicas generales hecho por el Congreso."[34]

En esta definición hay dos elementos: uno material, objetivo, referido a cuál es el contenido de la función (el dictado de normas jurídicas generales); otro orgánico o subjetivo, que aclara que esta función es únicamente realizada por el Poder Legislativo.

7. CONCEPTO ORGÁNICO-MATERIAL DE FUNCIÓN JURISDICCIONAL

En lo que respecta a la función jurisdiccional, el problema se repite en sus partes principales; desde el punto de vista material u objetivo, podemos considerarla como la "decisión con fuerza de verdad legal de una controversia entre partes." De acuerdo con este primer concepto objetivo, que atiende al contenido de la función, podría parecer a primera vista que ella puede en ciertos casos ser ejercida también por el Poder Ejecutivo o por el Poder Legislativo.

En efecto, en ciertos casos el Poder Ejecutivo está facultado por la ley para decidir con fuerza de verdad legal algunas controversias entre particulares, o entre ella misma y los particulares; pero advertimos inmediatamente que lo que allí ocurre es sólo que la actividad desarrollada por el Poder Ejecutivo es *semejante*, materialmente, a la actividad jurisdiccional, sin tener en cambio igual régimen jurídico que ésta.

---

34 6.6 De acuerdo al procedimiento previsto en la Constitución para la formación y sanción de las leyes, desde luego, para efectuar así la distinción con los reglamentos meramente administrativos del Congreso.

El régimen jurídico propio de la función jurisdiccional es que la decisión pueda ser *definitiva* y, fundamentalmente, que sea producida por un órgano imparcial (ajeno a la contienda; un tercero desinteresado del proceso) e independiente[35] (no sujeto a órdenes o instrucciones de nadie: por ello la primera virtud de un juez ha de ser el coraje).[36] Ello nace como exigencia desde el art. 18 de la Constitución, cuando expresa que es inviolable la defensa *en juicio* de la persona y de los derechos. Lo reafirma el art. 109 en cuanto prohíbe al Poder Ejecutivo "ejercer funciones judiciales, arrogarse el conocimiento de causas pendientes o restablecer las fenecidas." Sería inconstitucional, a la luz de estas normas, querer atribuir a la administración la facultad de decidir controversias entre particulares en forma definitiva, sin posibilidad de que éstos recurran ante la justicia.[37] El particular puede renunciar, si quiere, a plantear la cuestión ante la justicia, pero ello no altera la naturaleza de la actividad desarrollada en tal caso por la administración, que sigue siendo típicamente actividad administrativa, sin participar del régimen jurídico de la función jurisdiccional.

---

35 7.1 Los órganos administrativos carecen también de los atributos típicos de la función jurisdiccional: la *executio*, o el poder de embargar y ejecutar bienes; llamar a declarar testigos bajo apercibimiento de llevarlos por la fuerza pública; que el falso testimonio se configura como delito si es prestado ante órganos judiciales y no ante la administración, etc. En igual sentido DE SANTIS, GUSTAVO JUAN, "Acto administrativo y acto jurisdiccional de la administración," *LL*, 1988-A, 924.

36 7.2 Ver nuestra glosa al libro de NIETO, ALEJANDRO, *Los límites del conocimiento jurídico*, Madrid, Trotta, 2002, § 3.

37 7.3 También lo es, en definitiva, impedir el acceso directo a una tutela judicial efectiva como garantizan el art. 8 inc. 1°) y 25 de la Convención Americana de Derechos Humanos, creando lo que GARCÍA DE ENTERRÍA llamó una verdadera "carrera de obstáculos" previa.

Se concluye así, que esas actividades de la administración que materialmente se asemejan a la actividad jurisdiccional, no tienen sin embargo el mismo régimen jurídico que ésta. Por lo tanto no pueden ser jurídicamente definidas como "función jurisdiccional." El concepto jurídico atiende estrictamente al régimen jurídico de que se trata, para precisarlo y delimitarlo: si encontramos aquí que el régimen jurídico de la función jurisdiccional a cargo de los jueces no se aplica a las actividades similares que realice la administración, entonces es obvia la conclusión de que ellas no constituyen, jurídicamente hablando, funciones jurisdiccionales de la administración. Esto lo ampliaremos con el necesario detalle en los § 8 a 20.

Concluimos así en que la administración no ejerce en ningún caso función jurisdiccional. Si sus actos se parecen en alguna hipótesis, por su contenido, a los de aquella función, no tienen sin embargo el mismo régimen jurídico; *esto es, la administración no realiza función jurisdiccional.*

A igual conclusión cabe arribar en el caso del Congreso, aunque podría aquí haber lugar a algunas dudas. El único caso en que podría decirse que el Congreso ejerce función jurisdiccional es en realidad el del juicio político. No compartimos tal criterio, por considerar que se trata simplemente de la remoción de un funcionario público —acto eminentemente administrativo— sujeta a ciertas garantías que salvaguardan el derecho de defensa del interesado; pero a todo evento podría recordárselo como una hipótesis de excepción. Con tal posible reserva, pues, concluimos aquí también en que *el Poder Legislativo no ejerce función jurisdiccional.*[38]

Nos queda finalmente por considerar el órgano especial y exclusivamente encargado por la Constitución de ejercer la función jurisdiccional: el Poder Judicial, integrado por órganos imparciales en la contienda y no sujetos a órganos superiores, por lo tanto independientes. *Es a estos órganos que corresponde el ejercicio exclusivo de la función jurisdiccional.*

El régimen jurídico de la *función jurisdiccional*, entonces, sólo se aplica a los actos *materialmente jurisdiccionales* realizados por *órganos jurisdiccionales*: no así a los actos materialmente jurisdiccionales realizados por órganos administrativos o legislativos. En otros términos, el régimen jurídico pertinente se aplica sólo cuando el acto es *materialmente* el que corresponde y *además* ha sido dictado por el órgano a quien compete realizar la función: el juez. Bien se comprenderá que no es ésta una mera cuestión de clasificaciones ni definiciones: estamos en uno de los pilares básicos sin los cuales no existe Estado de Derecho. En un país como el nuestro con constantes falencias, no puede alimentarse la hoguera con indefiniciones semánticas.

Y definimos entonces a la función jurisdiccional como *"la decisión con fuerza de verdad legal de controversias entre partes, hecha por un órgano imparcial e independiente."* Esta definición comprende dos elementos: uno material (u objetivo) que se refiere a lo que la función es en su contenido (decisión con fuerza de verdad legal de controversias entre

---

38   7.4 Ver también CSJN, *Fallos*, 113: 317, *Urdániz y Cía*, 1910; CNFed. CA, Sala II, *in re Rodríguez, Gerardo Walter*, 29-IX-92.

partes) y uno orgánico (o subjetivo, formal), que se refiere al órgano o poder que realiza la función (los jueces, órganos imparciales e independientes). La reunión de ambos elementos —el material y el orgánico— nos da la definición respectiva, que incluimos en el § 20 de este cap.[39] En los § 8 a 19 profundizaremos en particular el problema de la llamada "jurisdicción administrativa."

8. EL PROBLEMA DE LA "JURISDICCIÓN ADMINISTRATIVA"

Acabamos de sostener que la administración no ejerce función jurisdiccional en sentido jurídico estricto, porque ello le está prohibido por los arts. 18 y 109 de la Constitución: el particular afectado por una decisión administrativa debe tener siempre abierta la vía judicial para recurrir contra ella.[40]

Sin embargo, la afirmación de que la administración no ejerce facultades jurisdiccionales no es pacífica en el derecho argentino, en parte por diferencias terminológicas más que de fondo. En efecto, el hablar de las relaciones entre administración y jurisdicción, del posible concepto de "jurisdicción administrativa" y de la revisión judicial de la actividad "jurisdiccional" de la administración, puede suponer varios planteos de diferente contenido y alcance.

a) En un primer criterio puede señalarse que existiría cierta repetición en hablar de revisión *judicial* de actividad

---

39 7.5 "Recapitulación. Las funciones administrativas de los tres poderes."

40 8.1 GELLI, MARÍA ANGÉLICA, *Constitución de la Nación Argentina. Comentada y concordada*, Buenos Aires, La Ley, 2003, 2ª ed., p. 386: "La decisión de los órganos administrativos al resolver los conflictos debe estar condicionada, siempre, a una revisión judicial suficiente."

jurisdiccional, que no sería indispensable una revisión judicial por cuanto ha existido en la especie ejercicio de jurisdicción (administrativa). En este sentido, se admitirá que la administración ejerce actividad jurisdiccional y se dirá que ésta no será necesariamente revisible por los jueces, salvo por recurso extraordinario.

b) En un segundo planteo, partiendo de una similar observación de que existe cierta incongruencia en el enunciado "revisión judicial de actividad jurisdiccional de la administración," se puede afirmar que es *impropio pretender que la administración ejerza funciones de los jueces*.[41] En este sentido se afirmará que la administración *no puede ejercer actividad jurisdiccional* y se hablará de revisión judicial de la actividad de la administración (que será siempre meramente administrativa); no se excluye de la revisión por los jueces sector alguno de actividad de la administración.

c) En un tercer sentido puede intentar superarse la contradicción señalada, afirmando que en realidad corresponde distinguir lo "jurisdiccional," que sería el género, de lo "judicial" y "administrativo," que serían las especies;[42] diciéndose entonces que hay revisión "jurisdiccional judi-

---

41 8.2 FIORINI, BARTOLOMÉ A., "Inexistencia del acto administrativo jurisdiccional," *LL*, 101: 1027; "Inexistencia del acto jurisdiccional y judicial en la administración pública," *JUS*, 6: 31 (La Plata, 1965); DE SANTIS, *op. loc. cit.*; BOSCH, JUAN, "La actividad jurisdiccional de la Administración Pública y la garantía del debido proceso," *LL*, 1996-E, 1332.

42 8.3 BIELSA, RAFAEL, "Acto jurisdiccional y acto judicial. Fundamento de la distinción en la ley, la jurisprudencia y la doctrina," *LL*, 104: 825, 829: "Basta que el acto jurisdiccional administrativo sea revisible por vía judicial [...] para que el Poder Ejecutivo no incurra en la transgresión del precepto constitucional del art. 95."

cial" de la actividad "jurisdiccional administrativa," sin que ello importe una limitación de la revisión "jurisdiccional judicial."

d) Todavía en un cuarto sentido posible, se puede intentar limar sus aristas muy definidas a estos conceptos y decirse que hay *en alguna medida* actividad jurisdiccional de la administración, o por lo menos un *proceso* que en *cierto modo* incide sobre la posterior revisión judicial; el proceso se iniciaría ante la administración y se *continuaría* ante la justicia.[43] En este criterio, si bien no se niega totalmente la revisión judicial, se la limita y condiciona al modo en que el proceso haya sido iniciado en sede administrativa.

9. DISCREPANCIAS TERMINOLÓGICAS Y DE FONDO

Hay en todo esto mucho de meramente terminológico pero también bastante de discrepancia en el fondo de la cuestión. No interesa demasiado, en verdad, decidir de qué modo elegiremos denominar a la actividad de la administración, en todo o en parte; lo que interesa más bien es *determinar si existe algún campo de la administración cuya revisión judicial sea excluida o limitada por alguna razón intrínseca a aquél.*

De este modo, nos parece que las discrepancias *de fondo* se pueden agrupar alrededor de tres grandes grupos:

---

43 8.4 Así BOSCH, JORGE TRISTÁN, "Revisión judicial de sentencias interlocutorias dictadas por órganos administrativos que ejercen funciones jurisdiccionales," *LL,* 84: 182 y ss. y *¿Tribunales judiciales o tribunales administrativos para juzgar a la Administración pública?,* Buenos Aires, 1951, pp. 107-8.

a) Quienes afirman que *no cabe* la revisión judicial de ciertos actos de la administración, fundándolo en que la administración ha ejercido ya "jurisdicción." Esta es la primera posición que mencionáramos anteriormente.

b) Quienes consideran que no cabe sino una revisión judicial *limitada* del ejercicio administrativo de "actividad jurisdiccional" o del "proceso" administrativo. Este es el cuarto criterio antes enunciado.

c) Quienes entienden que debe existir una revisión judicial suficiente y adecuada y que no cabe limitarla; dentro de esta concepción, a su vez, es importante distinguir dos terminologías opuestas sólo verbalmente: quien niega totalmente el ejercicio de actividad jurisdiccional por la administración; quien afirma que existe actividad jurisdiccional de la administración, pero que ello no justifica en modo alguno que se limite o excluya la revisión judicial. Como se ve, significan lo mismo, pero la segunda es proclive a confusión.

Una parte importante de la doctrina argentina[44] se había manifestado en el sentido de negar radicalmente que la administración pudiera constitucionalmente ejercer actividad jurisdiccional excluyendo o limitando el control de los jueces; ese era el criterio clásico,[45] que solo cedió ante la presión cesarista de los últimos gobiernos de facto.

---

44   9.1 Entre otros, véase LESTANI, H. A., *La jurisdicción contencioso-administrativa*, Buenos Aires, 1937, p. 32 y ss.; IBÁÑEZ FROCHAM, MANUEL M., *Tratado de los recursos en el proceso civil*, Buenos Aires, 1963, 3ª ed., p. 38 y ss.; BIELSA, *op. loc. cit.*, aunque con distinta terminología.

45   9.2 Ver también ARGAÑARÁS, MANUEL J., *Tratado de lo contencioso-administrativo*, Buenos Aires, TEA, 1955, p. 51 y ss.; PODETTI, RAMI-

La discusión constitucional en sí creemos que está casi agotada en favor de este criterio, pues no se han enunciado hasta ahora argumentos convincentes que refuten las normas de los arts. 18, 109 y 116 de la Constitución, mucho menos en el esquema democrático actual.

Con todo, parecería quedar un ámbito irreductible en la discusión: se afirma, en efecto, que a pesar de que constitucionalmente tal otorgamiento de facultades jurisdiccionales a la administración es inadmisible, algunas leyes se lo han dado de todos modos y la Corte Suprema lo ha aceptado.[46]

En la legislación, los casos más cuestionables se hallan ya superados[47] y quedan principalmente hipótesis de ejercicio parcial de jurisdicción por órganos independientes,[48] que no alteran la regla.[49]

RO, "El plazo que establece el art. 27 de la ley 3.764 (impuestos internos.) Su interrupción," *JA*, 1946-I, 43; BULLRICH, RODOLFO, *Curso de derecho administrativo*, t. I, Buenos Aires, 1929, pp. 80-1.

46 9.3 Así IBÁÑEZ FROCHAM, pp. 50 y 51; FIORINI, *op. cit.* de *JUS*, p. 40.

47 9.4 IBÁÑEZ FROCHAM, *La jurisdicción*, Buenos Aires, 1972, pp. 147-53.

48 9.5 IBÁÑEZ FROCHAM, *op. ult. cit.*, p. 154 y ss.

49 9.6 Algunas normas provenientes de épocas ojalá superadas todavía se enrolan en la admisión del "acto administrativo jurisdiccional," como el art. 99 del decreto 1759/72, pero parecen anacrónicas frente a la más clara aun Constitución de 1994: es necesario no olvidar los presupuestos políticos y constitucionales de nuestro derecho, que explicamos *supra*, cap. III, "Bases políticas, supraconstitucionales y sociales del derecho administrativo." No se trata de hacer juegos de conceptos, sino que hay que construir en cada institución una base de un sistema democrático de división, fractura y control de poder. Cada sentencia judicial que limita su propio control de un supuesto "acto administrativo jurisdiccional" es, a la inversa, pilar del cesarismo autocrático del que tradicionalmente padecemos. No nos quejemos

10. EL PROBLEMA EN LA JURISPRUDENCIA. INTRO-DUCCIÓN

Trataremos ahora de analizar si esta última afirmación responde a la realidad, o sea, si realmente en la jurisprudencia de la Corte puede encontrarse *una clara regla general en favor de la constitucionalidad del otorgamiento de funciones jurisdiccionales a la administración.*

La tarea no es fácil, porque la jurisprudencia usa los términos con mucha imprecisión y se trata de averiguar qué es lo que realmente resuelve en los casos sometidos a su consideración, antes que las palabras que para resolver utiliza. En efecto, la Corte ha usado los términos "jurisdicción administrativa" tanto en el primer sentido (de excluir totalmente la revisión judicial salvo recurso extraordinario),[50] como en el segundo (el inverso, de prohibírsela a la administración),[51] en el tercero (de admitir "jurisdicción administrativa" siempre que ella esté sujeta a revisión judi-

---

de la debilidad presupuestaria del Poder Judicial sin también procurar eliminar toda debilidad conceptual o material de su control. Ampliar *infra*, t. 2, caps. XIII, "La tutela judicial," XIV, "Problemas del acceso a la justicia," XV, "Comparación del control administrativo y judicial."

50 10.1 Incluso se ha afirmado que el órgano administrativo ejercía una "función judicial," *Fallos*, 155: 356, *González Maseda*, 1929; 156: 81, *Comité Radical Acción*, 1929, etc. Ver IMAZ, ESTEBAN, "Control judicial de la jurisdicción administrativa," en *La esencia de la cosa juzgada y otros ensayos*, Buenos Aires, 1951, p. 137 y ss.; IMAZ y REY, RICARDO, *El recurso extraordinario*, Buenos Aires, 1962, 2ª ed., p. 18 y ss.

51 10.2 P. ej. en la causa *Borro, DJ*, 1964, 758.

cial),[52] y también en el cuarto (de limitar la revisión judicial de la "jurisdicción administrativa").

Una respuesta superficial e inmediata puede ser afirmar que en verdad la jurisprudencia admite todos los criterios y que en algunos casos ha resuelto una cosa y en otros otra; pero la labor del intérprete no puede quedar detenida allí. Es necesario determinar si existe o no una *corriente dominante* de decisión en los fallos de la Corte, una *idea directriz* que pueda servir como instrumento de interpretación. Para ello será necesario prestar atención a algunas circunstancias que no siempre son tenidas en cuenta al analizar los fallos de la Corte: la mayoría de los fallos, cuando se dan a raíz de recursos extraordinarios, deben ser cuidadosamente sopesados en relación a la competencia limitada que el tribunal tiene en tales casos.

No debe olvidarse que el recurso, como extraordinario que es y limitado como está a los requisitos procesales y de fondo que le son propios, muchas veces obtiene una sentencia contraria a su procedencia *formal* antes que material. Tales casos, en que el tribunal decide declarar formalmente inadmisible el recurso, no son por cierto suficientes para construir una teoría de la doctrina material de la Corte sobre el fondo del problema en discusión.

La Corte ha hecho característico de sus fallos la repetición de la terminología usada en viejos pronunciamientos, aunque cambien los componentes del tribunal y cambie también a veces la orientación del mismo. Esta costumbre es intrascendente por lo general, pero puede ser de impor-

---

52   10.3 Este es un uso común: *Fallos*, 244: 548, *López de Reyes*, 1959; 247: 646, *Fernández Arias*, 1960.

tancia para el intérprete desprevenido cuando se trata de emplear términos jurídicos. En este caso debe tenerse presente que la mera repetición de un vocablo usado en anteriores pronunciamientos no significa necesariamente que en el presente se resuelva exactamente lo mismo. La Corte invoca casi siempre precedentes de sus argumentos, aunque lo que se decida en la especie no sea lo mismo o constituya un caso totalmente nuevo, dando entonces la inexacta impresión de un *continuum*, de una coherencia y armonía total entre todos sus fallos, pasados y presentes, lo que puede llevar a error al intérprete.

Por último, en relación a este supuesto continuo que sería la jurisprudencia de la Corte Suprema, creemos fundamental a su vez destacar que existen dos etapas en ella con relación a este tema: la *primera*, desde su origen hasta 1960, en que admitió con mayor o menor liberalidad y en muchos casos concretos, dichas atribuciones y que llevó como resultado a los excesos conocidos de la primera mitad de la década del cincuenta; la *segunda* etapa, que plantea una reacción vigorosa contra dicha tendencia y que se inicia con la declaración de la inconstitucionalidad de los tribunales administrativos de arrendamientos rurales.

Trataremos de ver si existe o no alguna *línea fundamental* en los pronunciamientos de la Corte Suprema: no estará ella libre de excepciones, sin duda, pero permitirá al menos determinar cuál es el criterio rector que debe adoptarse en los casos de duda. Y si bien consideraremos algunas de las supuestas excepciones a la actividad administrativa "jurisdiccional," en realidad son casos límites que no interesan tanto para nuestro análisis: cuando la revisión judicial esté totalmente excluida, la confusión existirá en la legislación o en el fallo, pero no ya en el intérprete, que dirá tan sólo, en esos casos de supuesta excepción, que no existe revisión judicial.[53] Pero son los casos en que existe alguna revisión judicial los que más se prestan a equívocos: si se admite que la previa actividad de la administración ha sido jurisdiccional, se puede llegar rápidamente a querer limitar por vía de interpretación la revisión judicial; si, en cambio, en estos casos imprecisos se puede sentar la regla de que la administración no ejerce una atribución jurisdiccional, dejará de existir automáticamente todo argumento para limitar las atribuciones del juez y resurgirá plena su jurisdicción constitucional.

11. EL RECURSO EXTRAORDINARIO NO ES REVISIÓN JUDICIAL SUFICIENTE Y ADECUADA

Cuando, en lo que sigue, nos refiramos a la "actividad jurisdiccional de la administración," lo haremos siempre con el alcance de que si la admitimos, *ello implica que negamos o limitamos la revisión judicial*. No usaremos, por imprecisa y equívoca, la terminología que habla de "jurisdicción administrativa" pero al mismo tiempo afirma que debe estar sujeta a revisión judicial.

A su vez y siguiendo el criterio de la Corte Suprema a partir del caso *Fernández Arias*,[54] entendemos que la mera y exclusiva existencia de un recurso extraordinario ante la Corte Suprema contra un acto administrativo, no *constituye revisión judicial* en el sentido del art. 18 de la Constitución. En efecto, de querer tenérselo en cuenta como revisión judicial, habría que señalar que ella es limitadísima, tan

---

53   10.4 Con todo, veremos que hay casos en que esa falta de revisión judicial es sólo aparente.

54   11.1 *Fallos*, 247: 646, *Fernández Arias*, 1960.

mínima como para perder trascendencia como medio *regular y ordinario* de contralor judicial; debe recordarse al respecto que este recurso no es un medio de controlar la legitimidad del acto en general, sino sólo su inconstitucionalidad y aun así limitada por las restricciones legales y jurisprudenciales existentes, de fondo y de forma; en suma, como recurso extraordinario que es, no puede tomárselo como medio *normal* y práctico de revisión.

La revisión judicial que trataremos de determinar si debe o no otorgarse, pues, la consideraremos prescindiendo de la existencia de tal recurso, aunque como veremos su funcionamiento puede ayudar en gran medida a la dilucidación de la cuestión.

12. ACTIVIDAD JURISDICCIONAL DE LA ADMINISTRACIÓN Y REVISIÓN JUDICIAL. ALCANCES DEL PROBLEMA

El problema de si la administración ejerce o no atribuciones jurisdiccionales no es entonces meramente teórico, sino que tiene grandes consecuencias prácticas. No está en juego una mera definición, sino el alcance de la revisión judicial: como ya dijimos, si la administración ejerce este tipo de atribuciones válidamente, ello podría significar para algunos que se limitara o excluyera la revisión judicial de esa actividad, ya que no tendría al parecer sentido una amplia revisión judicial ordinaria *si ya ha existido ejercicio de jurisdicción en el caso concreto por parte de otro órgano.*

En el planteamiento más extremo de la cuestión, entonces, otorgar atribuciones jurisdiccionales a la administración significa no dar al particular afectado acción judicial posterior para atacar la decisión administrativa y reconocerle, tan sólo, el recurso extraordinario para ante la Corte Suprema, en los casos de inconstitucionalidad y tal como ocurre con respecto a todas las sentencias judiciales definitivas. Esa es p. ej. La situación que existía con los anteriores tribunales administrativos de arrendamientos rurales, contra cuyas decisiones sólo procedía el recurso extraordinario.

En un planteamiento menos extremo, pero de igual orientación, el reconocimiento de atribuciones jurisdiccionales a la administración implica la limitación o reducción de la revisión judicial, pero sin llevar exclusivamente al recurso extraordinario.

En esta tesitura, contra la decisión administrativa existiría un recurso judicial limitado de algún modo: sea como mero recurso de apelación, o como recurso para discutir sólo la legitimidad del acto, etc. Ubicándose en este pensamiento, cabría decir que: "Aunque se trate siempre de dos poderes distintos, existe entonces una continuidad funcional a la que ambos contribuyen, *un solo proceso contra la administración que se inicia ante ésta y termina ante los tribunales;*"[55] y como lógica consecuencia de tratarse de "un solo proceso" iniciado ya ante la administración, la impugnación judicial de la decisión administrativa no se hace por vía de acción o curso ordinario, sino por vía de "recurso," en el sentido muy restringido de que "no se concibe sino en el proceso," "debe considerarse como un derivado de la acción," "como un complemento," de ella, "como un poder

---

55 12.1 BOSCH, JORGE TRISTÁN, ¿Tribunales judiciales o tribunales administrativos para juzgar a la administración pública?, op. cit., p. 107.

jurídico que nace en el proceso y no tiene vida sino dentro de él."[56]

En tal sentido, si la ley otorga un "recurso de apelación" o una "apelación" para ante la justicia contra un acto administrativo "jurisdiccional," dicha "apelación" podrá significar para quienes acepten aquel punto de partida, "además del reconocimiento de la unidad del proceso en que toman parte el Poder Administrador y el Judicial, la aceptación de una determinada limitación en el ejercicio de las facultades de revisión que corresponden al último de los poderes indicados."[57]

13. "RECURSO" O "ACCIÓN" JUDICIAL Y FACULTADES JURISDICCIONALES DE LA ADMINISTRACIÓN

Como se comprende, de la aceptación del ejercicio válido de "funciones jurisdiccionales" por parte de la administración surgen, entonces, una serie de limitaciones actuales o virtuales para la ulterior revisión judicial de los actos respectivos; a *contrario sensu*, de su rechazo surge la necesaria plenitud de la revisión judicial posterior.[58] Por lo de-

---

56   12.2 Son palabras de LASCANO, DAVID, "Naturaleza jurídica de las acciones judiciales," *Anales* de la Facultad de Ciencias Jurídicas y Sociales de la Universidad Nacional de La Plata, t. XIV, La Plata, pp. 185-6, que recuerda BOSCH, *op. cit.*, p. 107.

57   12.3 BOSCH, *op. loc. cit.*

58   13.1 Como bien advierte MAIRAL, HÉCTOR A., *Control judicial de la administración pública*, vol. I, Buenos Aires, Depalma, 1984, p. 115, no se trata de una cuestión terminológica sino de determinar la amplitud del control, p. ej. alegar hechos y producir pruebas en sede judicial. En la misma obra, t. II, pp. 701-2 y nota 421; DIEZ y HUTCHINSON, TOMÁS, *Derecho procesal administrativo*, Buenos Aires, Plus Ultra, 1983, pp. 39-40, 82 y ss.

más, siendo el problema de índole constitucional, tiene alcances interpretativos muy poderosos: si adoptamos la posición de que la Constitución no permite el ejercicio de funciones jurisdiccionales por parte de la administración, entonces nos veremos obligados a interpretar aquellas leyes que otorgan supuestos "recursos de apelación" para ante la justicia contra actos administrativos, en forma amplia.

No diremos en tales casos que se trata de un recurso restringido, sino que señalaremos la impropiedad terminológica de la ley, que donde debió decir "acción" *porque no otra cosa podía constitucionalmente decir*, dijo "recurso;" la interpretaremos entonces como si hubiera dicho lo que en verdad correspondía de acuerdo con la Constitución.

Para ello será de aplicación el criterio de acuerdo al cual si una ley puede ser interpretada de dos modos, uno de los cuales implica su apartamiento de la Constitución, habrá que interpretarla del otro modo que la haga congruente con las normas supremas.

Esa interpretación que torne congruente tal "recurso" con el sistema constitucional, con todo, puede hacerse de dos modos distintos:

a) uno puede ser el afirmar que si bien se trata efectivamente de un recurso en sentido procesal, es potestativo del interesado seguirlo o no, que si lo desea puede no interponerlo e iniciar en su lugar una acción ordinaria;[59] co-

---

59   13.2 En sentido similar COSTA, AGUSTÍN A., *El recurso ordinario de apelación en el proceso civil*, Buenos Aires, 1950, se pronuncia por la inconstitucionalidad lisa y llana de tales "recursos de apelación." Lamentablemente es una solución que la jurisprudencia no ha querido aceptar. El otorgamiento de estos recursos directos, con privación de la primera instancia ordinaria, es un privilegio que se otorga indebi-

FUNCIONES DEL ESTADO - FUNCIÓN ADMINISTRATIVA

mo variante del mismo criterio, podría también decirse que el recurso se asemeja a un juicio ejecutivo, que puede intentarse pero no hace cosa juzgada y puede luego ser discutido nuevamente en un juicio ordinario.

b) En otro planteo, puede pensarse que si la ley ha creado un "recurso de apelación" para ante una Cámara de Apelaciones, no podemos prescindir de él e iniciar una acción ordinaria ante el juez de primera instancia, porque la multiplicidad de instancias judiciales no es una garantía constitucional,[60] pudiendo entonces la ley limitar válidamente la revisión judicial a una única instancia, que sería la de la Cámara.[61] Pero si la ley quiere además expresa o implícitamente *limitar también esa única instancia judicial*, p. ej. Al decir que sólo se trata de un "recurso de apelación," entonces sí diremos que ello es inconstitucional, pues debe existir siempre una instancia judicial *suficiente y adecuada*, requisitos éstos que no se hallarían reunidos en la especie; en tal caso interpretaremos la ley afirmando que en realidad no se trata de un mero recurso de apelación, sino de un medio amplio de abrir la instancia judicial ante la Cámara. La jurisprudencia se ha orientado hacia este segundo criterio: ha dicho así la entonces llamada Cámara

---

damente a la administración y no sostienen bien el Estado de Derecho los jueces que prefieren aceptar esta restricción judicial y del acceso de los individuos a la justicia.

60 13.3 Cabe recordar, en contra, las magníficas páginas de COUTURE, en el prólogo al libro de COSTA, acerca de la relación entre libertad y doble instancia judicial, *op. cit.*, pp. 3-7 y 37, nota.

61 13.4 CSJN, *López, Guillermo A. c/Banco Hipotecario Nacional*, DJ, 1965: 1915, con disidencia de PEDRO ABERASTURY y CARLOS J. ZAVALA RODRÍGUEZ, que admiten tal recurso siempre que él sea una revisión judicial suficiente y adecuada a "la defensa de sus derechos y a la amplitud necesaria del debate judicial (*Fallos*: 250:418)."

Federal de la Capital que un órgano administrativo[62] "no se encuentra en relación directa ni jerárquica con este tribunal. De sus decisiones no cabe apelación, como impropiamente lo expresa el decreto 5148/55 (art. 5°), porque ésta sólo funciona entre los diversos grados que constituyen las instancias del Poder Judicial." "Algunas decisiones de los órganos no judiciales son susceptibles de recursos ante los tribunales; recursos que no son apelaciones sino medios autónomos para rever, por la vía contencioso-administrativa, tales decisiones."[63] En igual sentido la Cámara Nacional del Trabajo, Sala II, ha sostenido que puesto que "al Presidente de la República y al personal de la Administración pública nacional le está vedado ejercer funciones judiciales [...] no es posible atribuirle la calidad de tribunal de 1a. instancia respecto de un órgano judicial que actúa por vía de apelación, porque entonces cabría concluir que en ese caso ha ejercido aquellas funciones, no siendo óbice la circunstancia de que sus decisiones sean recurribles, porque también lo son las de los jueces en los casos autorizados por las leyes procesales." "La naturaleza de «acción» y no de «recurso procesal» que tienen las vías que varias leyes declaran expeditas para llevar decisiones administrativas ante el Poder Judicial, ha sido también declarada por la jurisprudencia."[64] La Cámara Contenciosa

---

62 13.5 En el caso, la Junta Nacional de Recuperación Patrimonial.

63 13.6 CNsp., *Mariategui*, 1956, *LL*, 84: 185, con nota de BOSCH, JORGE TRISTÁN, "Revisión judicial de sentencias interlocutorias dictadas por órganos administrativos que ejercen funciones jurisdiccionales," *op. cit.*

64 13.7 CNTrab., Sala II, 1959, *LL*, 99: 287, *Plotnicoff Uliansky*, 1959. Similar orientación de la Cámara Federal, aunque no tan expresa, en *Cía. Británica de Construcciones de Acero Ltda.*, *DJ*, 1964: 1965; *Arregui*, *DJ*, 1964: 703, etc.

de la Ciudad de Buenos Aires ha seguido esta tendencia: "debe garantizarse en todos los casos la existencia de la posibilidad de acceder a una revisión judicial «suficiente y adecuada», la calificación de «recurso» que la ley 466 en su artículo 34, le otorga a la vía de acceso a la instancia judicial de escrutinio del ejercicio de la potestad disciplinaria por parte del Consejo Profesional de Ciencias Económicas, no será interpretada por este tribunal literalmente como un recurso de apelación, sino como un medio de habilitar una instancia judicial amplia ante la Cámara" "No proceder de este modo, implicaría revestir al Consejo Directivo del C.P.C.E. de la calidad de los tribunales de primera instancia, pues sólo entre los diversos grados que conforman las instancias del Poder Judicial pueden mediar recursos de «apelación»."[65] También la Corte Suprema ha dicho que aunque la ley usara el término "recurso," se trataba en realidad de una "acción contenciosa."[66] En conclusión: si podemos afirmar que la administración no puede ejercer atribuciones jurisdiccionales, entonces, en los casos en que la ley otorga supuestas "apelaciones" contra sus actos, las interpretaremos en forma amplia, como acciones, aunque respetando la indicación del tribunal que la ley determine.

c)   Otra variante, que ha sido intentada con éxito al menos una vez, es iniciar preventivamente la litis en primera

---

65   13.8 Contencioso administrativo y Trib. de la Ciudad Autónoma de Buenos Aires, Sala II, *Dacuña, Jorge Humberto y Faur, Isaac Roberto c/ C.P.C.E.,* 20-VI-2001.

66   13.9 *Fallos, Contardi*, 183: 389 (1939); *Caviglione Hnos., JA,* 1944-III, 73; PODETTI, *op. cit.,* p. 43; FIORINI, "Tribunales y función administrativa," *Derecho del Trabajo,* XVIII: 893; REJTMAN FARAH, MARIO, *Impugnación judicial de la actividad administrativa,* Buenos Aires, La Ley, 2000, pp. 9 y 54.

instancia y ampliarla cuando el acto es dictado; luego "apelar" en término ante la Cámara, pidiéndole que suspenda juzgamiento en el recurso directo hasta que le lleguen por vía de apelación los autos de primera instancia.

14. ALCANCE JURÍDICO-POLÍTICO DEL PROBLEMA

Ya decía COUTURE, refiriéndose a la doble instancia judicial (que él postulaba en lugar de la instancia única) que "Luego de larga y trágica experiencia en la conquista de las libertades del hombre, siempre cabría pronunciarse a favor de aquella solución que traiga consigo el prestigio del libre examen, que es la esencia del sistema democrático de gobierno. Y si aun quedara alguna duda, en nombre del precepto agustiniano que nos impone, en la duda, la libertad."[67] Ello es más aplicable aun cuando se trata, no ya de suprimir una instancia judicial dejando otra, sino de suprimir o reducir incluso a ésta; por eso, adelantándonos a cuál sea en verdad la interpretación constitucional que corresponde, no podemos dejar de señalar la trascendencia que desde el punto de vista político tiene la cuestión: la limitación de la revisión judicial en beneficio de la administración y en desmedro de los particulares, es característica de los Estados totalitarios, de la negación del Estado de Derecho.[68] Por ello, si compartimos los principios superio-

---

67 14.1 COUTURE, en el prólogo al libro de COSTA, *op. cit.*, p. 5.

68 14.2 REAL, ALBERTO RAMÓN, "El «Estado de derecho» (Rechtsstaat)," en *Estudios jurídicos en memoria de* EDUARDO J. COUTURE, Montevideo, 1957, pp. 601-2; ver también, del mismo autor, "La función jurisdiccional es privativa del Poder Judicial, salvo excepciones constitucionales expresas," en *La Justicia Uruguaya*, t. XVII, secc. 2 (doctrina), 1948, p. 47 y ss.; GELLI, *Constitución de la Nación Argentina. Comentada y concordada, op. cit*, 2ª ed., p. 386: "La decisión de los órga-

res de la libertad y del Estado de Derecho, no podremos sustentar una tesis que excluya o limite la protección judicial de los administrados frente a la administración.[69]

15. EVOLUCIÓN EN EL DERECHO ARGENTINO DEL RECONOCIMIENTO DE FACULTADES JURISDICCIONALES A LA ADMINISTRACIÓN

Según lo hemos dicho es importante recordar como ha evolucionado el problema en nuestro país: anteriormente a 1960 existían leyes que otorgaban a la administración la facultad de aplicar sanciones severas a los administrados sin recurso o acción judicial posterior,[70] o la resolución en forma definitiva de contiendas entre partes privadas;[71] pero luego la Corte declaró la inconstitucionalidad de esas leyes.

En 1960, en el fallo *Fernández Arias*,[72] la Corte declaró que el art. 18 de la Constitución impone la garantía de que "ha de reconocerse a los habitantes del país el derecho de ocurrir ante un órgano judicial en procura de justicia," y que si las disposiciones que gobiernan el caso impiden a

---

nos administrativos al resolver los conflictos debe estar condicionada, siempre, a una revisión judicial suficiente."

69 14.3 Reconocer facultades jurisdiccionales a la administración, con el alcance de que sólo procederá contra ella el recurso extraordinario, no es "ventajoso" para el administrado, pues la verdadera garantía procesal está en la normal intervención amplia de la justicia ordinaria, no en un recurso excepcional y restringido como es el extraordinario.

70 15.1 Así, la ley 13.492 y la 12.983, sobre precios máximos, agio y especulación.

71 15.2 Así la ley 13.246, de arrendamientos y aparcerías rurales.

72 15.3 Elena Fernández Arias y otros vs. José Poggio - sucesión, Fallos, 247: 646, 1960.

las partes tener acceso a una instancia judicial propiamente dicha, existe agravio constitucional originado en privación de justicia. "Puede afirmarse, por tanto, que aun cuando el art. 18 de la Constitución no requiere multiplicidad de instancias, según ha sido uniformemente resuelto, debe entenderse que sí impone una instancia judicial al menos" (considerando 20).

Resulta de ello que si la ley otorgaba a la administración la facultad de resolver alguna cuestión, es necesario también que se haya previsto "oportunidad para que los jueces revisen el pronunciamiento administrativo," pues es imprescindible la existencia de "recurso u ocurso subsiguiente ante los jueces del Poder Judicial," "en la inteligencia de que, a falta de él, el régimen dejaría de ser congruente con los derechos y garantías constitucionales" (cons. 17). "De conformidad con lo hasta aquí expuesto, pues y a título de síntesis, cabe declarar que, en casos como el de autos, *control judicial suficiente quiere decir*: *a*) reconocimiento a los litigantes del derecho a interponer recurso ante los jueces ordinarios; *b*) negación a los tribunales administrativos de la potestad de dictar resoluciones finales en cuanto a los hechos y al derecho controvertidos, con excepción de los supuestos en que, existiendo opción legal, los interesados hubiesen elegido la vía administrativa, privándose voluntariamente de la judicial (doctrina de *Fallos*: 205:17; 245:351.) *La mera facultad de deducir recurso extraordinario basado en inconstitucionalidad o arbitrariedad, no satisface las exigencias que en la especie han de tenerse por imperativas.*"[73]

---

73   15.4 Fallo citado, cons. 19, p. 658; *in re Giroldi, LL*, 1995-D, 462, la Corte retoma este criterio.

A pesar de algunas imprecisiones que el fallo contiene, su idea central es perfectamente clara: no puede otorgarse a la administración una facultad que sea irremisible judicialmente. No satisface el requisito de la necesaria revisión judicial la mera existencia de un recurso limitado de inconstitucionalidad o arbitrariedad. Es necesario un medio de impugnación judicial que permita la discusión *suficiente y adecuada* de los hechos y el derecho que el caso involucra. Si entendemos por función jurisdiccional aquella que pueda constituir esa "instancia judicial al menos" de la que habla el fallo, que haga *innecesaria* una revisión judicial "adecuada," es evidente que ese tipo de atribución le es terminantemente *negada* a la administración.[74]

16. EL RECURSO EXTRAORDINARIO Y LAS FACULTADES JURISDICCIONALES DE LA ADMINISTRACIÓN

Consecuentemente con el criterio que se desprende del fallo mencionado, el reconocimiento de facultades jurisdiccionales a la administración, con el criterio de excluir la adecuada revisión judicial, no satisface la garantía de la defensa en juicio aunque se reconozca al interesado el recurso extraordinario. Esta es la regla general a la cual la Corte Suprema hace expresa excepción en el caso en que la ley da la elección entre la vía administrativa y la judicial, si el interesado elige voluntariamente la primera. Ahora trataremos de considerar en cambio si además de esa supuesta excepción existen o no otros casos en que la *jurisprudencia*

---

74   15.5 En tal sentido CSJN, *Banco Regional del Norte Argentino*, 4-II-88; *Jalife Elías* (año 1993), *LL*, 1994-D, 73; CNFed. CA, Sala II, *Dar S.A.*, 13-VII-95.

reconozca a la administración atribuciones supletorias de las de los jueces.

Es conveniente dejar sentado desde ya que no nos interesa aquí hallar una definición de "función jurisdiccional," sino meramente indagar *si es legítimo limitar la revisión judicial de los actos administrativos en base a un supuesto ejercicio administrativo de actividad jurisdiccional*; lo que investigamos entonces es si la administración ejerce alguna vez atribuciones tales que limiten o excluyan una revisión judicial suficiente.

Por ello, si se quiere afirmar en el plano puramente teórico que la administración ejerce facultades jurisdiccionales pero se aclara que ello no significa que se limite la revisión judicial suficiente y adecuada de ellas, con derecho a producir prueba y alegar sobre su mérito, no nos interesa rebatir dicha afirmación ya que ello concuerda sustancialmente con lo que aquí decimos y no constituye sino un inadecuado empleo terminológico de tales palabras.[75] No altera esta conclusión el que algunos fallos parezcan morigerar verbalmente el principio, adecuándolo a las circunstancias del caso.[76]

---

75   16.1 Es el caso de la propia Corte Suprema, que en algunos fallos habla de "jurisdicción administrativa," aclarando que requiere "como indispensable el control judicial," *Mercé, DJ*, 1964-457. Ver también, Gelli, *Constitución de la Nación Argentina. Comentada y concordada, op. cit.*, 2ª ed., p. 386.

76   16.2 CSJN, *Fernández Arias*, 247: 646, 1960; *Fernández*, 267: 97, 1967. Parte del problema, frecuentemente, es la irresistida tentación de hacer "doctrina" desde el fallo: parafraseando a LORD DENNING, es dejar caer el judicial manto de armiño y tomar la tiza y el pizarrón. Son actividades incompatibles, que lesionan tanto la función judicial como la tarea docente, que no es en *dicta* donde debe ejercerse. Por

La prueba más acabada para determinar si la administración ha ejercido o no atribuciones jurisdiccionales dentro de la orientación de los fallos de la Corte Suprema (en cuanto a su contenido), es ver si se ha admitido el recurso extraordinario directamente contra la decisión administrativa ya que de acuerdo con el mencionado principio, *sólo el ejercicio de función jurisdiccional por la administración justificaría dicha procedencia del recurso extraordinario*, con la consecuencia de excluir ya otra revisión judicial. Si la Corte resuelve en un caso determinado que el recurso no procede y declara que ello es así *por no tratarse en la hipótesis del ejercicio de facultades jurisdiccionales por la administración*, pareciera que respecto a *ese* caso no hay ya discusión posible en el terreno de la realidad jurisprudencial: *no* se ha admitido en la especie que la administración hubiera ejercido facultad jurisdiccional.[77]

16.1. *Recursos rechazados*

Los fallos de la CSJN en materia de recurso extraordinario contra actos administrativos, se caracterizan por su sistemático rechazo, *en base a que no existía en las situaciones consideradas ejercicio administrativo de facultad jurisdiccional.*

---

ello es más sana la restricción del desarrollo de un fallo, tratando de mostrar no lo que opinan o lo que saben de la doctrina nacional, sino con qué preciso argumento resuelven el *thema decidendi*.

77   16.3 La redacción de algunos fallos puede ofrecer dudas: "que el recurso extraordinario sólo es procedente [...] contra resoluciones de organismos administrativos, cuando éstos se hallen equiparados a tribunales de justicia": pero no existen casos en que la Corte haya ido tan lejos como para encontrar un órgano administrativo equiparado a un tribunal judicial. Ver también CSJN, *Altamirano*, 312-II: 1682, año 1989, especialmente voto de BACQUÉ.

Ello no significa que deje de haber protección judicial para el interesado, sino que en lugar de tener únicamente el limitado y excepcional recurso extraordinario para ante la CSJN, tiene *tanto la acción judicial ordinaria* como *también el recurso extraordinario*, este último contra la sentencia definitiva que dicte el juez. Así, en *Nacif*[78] la CSJN, luego de recordar que el recurso extraordinario contra actos administrativos sólo procede cuando el órgano respectivo ejerce "funciones judiciales, atribuidas por ley y con carácter final, es decir, sin revisión por vía de acción o de recurso," señala que ello no ocurre en el caso y que todas las cuestiones alegadas en el recurso "deben *plantearse ante el tribunal judicial al que corresponde conocer [...] y no ante esta Corte. Todo sin perjuicio de la apelación a que la oportuna resolución judicial del punto pueda dar lugar*": de este modo el tribunal dice expresamente que el acto impugnado debe atacarse ante "el tribunal judicial al que corresponde conocer," con lo cual está negando, fuera de toda duda, que en el caso el organismo administrativo haya ejercido atribución jurisdiccional.[79] En igual criterio los casos *Paolini*,[80] *Lagreca*,[81] *Aberg Cobo*,[82] *Antonio Domínguez*,[83] *Altamirano*[84] y otros. De

---

78 16.4 *Fallos, Nacif*, 240:407, año 1958.

79 16.5 En igual sentido SAGÜÉS, NÉSTOR PEDRO, *Derecho procesal constitucional*, t. 5, Buenos Aires, Astrea, 2000, p. 453. No pensamos pues que en estos fallos la Corte acepte el ejercicio administrativo de atribuciones jurisdiccionales, como lo hace FIORINI, *op. cit.*, p. 40.

80 16.6 *Fallos, Paolini*, 243: 448, año 1959.

81 16.7 *Fallos, Lagreca*, 245: 530, año 1959.

82 16.8 *Fallos, Aberg Cobo*, 248: 516, año 1960.

83 16.9 *Fallos, Antonio Domínguez*, 250: 272-4; año 1961.

84 16.10 CSJN, *Altamirano*, 312-II: 1682 y *LL*, 1990-A-301, esp. voto de BACQUÉ.

esta reseña jurisprudencial, que responde en general al carácter del resto de los fallos que rechazan recursos extraordinarios contra actos administrativos, se destaca la no existencia notoria de facultades jurisdiccionales de la administración. El que la Corte diga en cada caso que el recurso extraordinario sólo procederá cuando haya ejercicio de facultad jurisdiccional, no quiere decir, en una correcta interpretación de lo que en el caso se decide,[85] que ella exista necesariamente: para buscar la respuesta a ese interrogante es necesario pasar a otros fallos.[86]

16.2. *Recursos admitidos*

Lo verdaderamente interesante para indicar el sentido de la jurisprudencia no son esas frases incidentales en las cuales pareciera admitirse tales facultades, sino precisamente los fallos en que concretamente se ha resuelto la cuestión de manera positiva; o sea: deben tomarse aquellos fallos que por decidir el *fondo* de la cuestión tienen auténtico valor como precedentes. No los que, rechazando el recurso por la *forma*, hacen consideraciones con mero carácter de *dicta*, es decir, no obligatoria ni decisoria y por lo tanto insuficiente como precedente.

---

85   16.11 O sea, aquello que es *holding*, vinculante, decisorio, es lo único que debe tomarse como principio; el mero *dictum*, si no tiene otro sustento, carece de real valor.

86   16.12 Discrepamos por ello con FIORINI (art. últ. cit., pp. 40-1) y con MARIENHOFF, *op. loc. cit.*, en cuanto de estos fallos que rechazan recursos extraordinarios por no haber la administración ejercido función jurisdiccional, sacan la conclusión de que la jurisprudencia está admitiendo el ejercicio de tales atribuciones por parte de la administración.

Pues bien, además del caso *Fernández Arias* ya comentado, en que la Corte sienta el principio de la inconstitucionalidad de la atribución de funciones jurisdiccionales a la administración, salvo el supuesto de elección de vías, existen otros pronunciamientos de suma importancia. En la causa *Montagna*[87] la Corte hizo lugar al recurso extraordinario interpuesto contra una decisión administrativa, *reconociendo entonces que la administración había ejercido función jurisdiccional,* pero lo hizo *para declarar a renglón seguido la inconstitucionalidad del ejercicio de tal atribución, por violación al art. 18 de la Constitución.* Sostuvo en efecto el tribunal que "tampoco existe en el caso calificación especial de la relación jurídica que media entre las partes *que permita la sustracción de su juzgamiento a los jueces ordinarios de derecho,"* revocando en consecuencia la resolución impugnada por el agravio que implica al interesado el ejercicio por la administración de una facultad jurisdiccional.

Del mismo modo, en la causa *Rosales,*[88] la Corte Suprema hizo lugar a un recurso extraordinario interpuesto contra una decisión administrativa que era irrevisible judicialmente, para declarar precisamente que dicha irrevisibilidad era violatoria del art. 18 de la Constitución al no reconocer al interesado el derecho de defensa *en juicio.* La Corte no se pronuncia sobre si el recurrente tenía o no razón en otros aspectos, sino únicamente sobre el agravio que significaba someterlo a una decisión administrativa irrevisible judicialmente, aunque fuera atacable por recurso extraordinario. Establece así el tribunal "Que, conforme a la doctrina de *Fallos*: 247:646 y de la sentencia dictada en la causa

---

87   16.13 *Fallos*, 249: 181, *Montagna*, año 1961.
88   16.14 *Fallos*, 253: 485, *Rosales*, año1962.

"Beneduce c/Casa Auguste" *— Fallos*: 251:472 —,[89] es principio fundado en la garantía de la defensa en juicio que, a los fines de la solución de las controversias jurídicas individuales, *no se excluya compulsivamente la intervención suficiente de un tribunal de justicia* —doctrina de *Fallos*: 250:61, 251:471 y otros —."[90]

En este primer párrafo del fallo *Rosales*, la Corte Suprema da el criterio rector: que no se excluya *compulsivamente* la intervención judicial suficiente. Pero agrega todavía el fallo: "Tratándose de diferendos entre particulares, *su sumisión total a organismos administrativos*, sin más recursos que los atinentes a la regularidad del procedimiento y a la conformidad con la Constitución local, *es insuficiente para satisfacer las exigencias del art. 18 de la Constitución Nacional*. La sola razón de que quepa, de tal manera, recurrir a organismos especializados en el ámbito de la actividad de que se trata, no basta para excluir todo control respecto de la razonabilidad de sus decisiones en lo que hace a la existencia de un mínimo de elementos de prueba atinentes a los hechos de la causa y a la legalidad de la resolución adoptada."[91]

También en el caso *Cámara Gremial de Productores de Azúcar*[92] la Corte Suprema hizo lugar al recurso extraordinario

---

89 16.15 En dicho fallo se aclara en el cons. 13 concretamente "que, en tales condiciones […] se requiere resolución judicial respecto de la licitud de la huelga origen del despido," "a los efectos de que el tribunal de la causa se pronuncie respecto de la licitud del movimiento huelguístico del caso."

90 16.16 La bastardilla es nuestra.

91 16.17 P. 489. La bastardilla es nuestra.

92 16.18 Fallos, 255: 354, Cámara Gremial de Productores de Azúcar, año 1961.

interpuesto contra un acto administrativo en que se había ejercido una facultad jurisdiccional, específicamente para decir que tal ejercicio era por ello mismo violatorio de la Constitución al atentar contra la garantía de la revisión judicial que postula el art. 18. Dijo así el tribunal: "El sentido de la jurisprudencia mencionada es, precisamente, impedir tal posibilidad como medio indispensable para la preservación del Estado de Derecho. Porque, en definitiva, la posibilidad de limitar los derechos individuales ya por vía de reglamentación legal ya por vía de actos ejecutivos, no *justifica la inexistencia de control, judicial suficiente* —doc-trina de *Fallos*: 247:646; 248:81; 250:61; 251:472 y otros—": "Que, en tales condiciones y *habida cuenta de que en la causa se asigna carácter final a la decisión administrativa, insusceptible de toda revisión judicial ulterior* [...] *rige para el caso el principio general reconocido en Fallos: 253:485. Corresponde, en consecuencia, admitir la impugnación constitucional de lo actuado, con fundamento en el art. 18 de la Constitución Nacional."*[93]

Otra vez en este fallo la Corte dice expresamente que el carácter final e irrevisible de una decisión administrativa la torna inconstitucional automáticamente por violación del art. 18 de la Constitución nacional, debiendo entonces, por principio, existir *control judicial suficiente* de toda la actividad administrativa: lo cual es decir, en definitiva, que la actividad administrativa no puede nunca ser de naturaleza jurisdiccional ni constituir válidamente "el ejercicio de funciones sustraídas a los jueces."

---

93   16.19 El destacado es nuestro. Este y otros fallos adelantan el camino de la legitimación para los derechos de incidencia colectiva que explicamos *infra*, t. 2, *op. cit.*, cap. II.

16.3. Conclusiones sobre la jurisprudencia

De la jurisprudencia analizada y tomando como punto de partida el caso *Fernández Arias*, se desprende con bastante claridad, a nuestro juicio, que no es constitucional que la administración, constituida por órganos estructurados jerárquicamente y *parte* en la contienda que resuelve, pueda decidir con atribución "jurisdiccional," *irrevisible judicialmente salvo recurso extraordinario,* una determinada cuestión.

El recurso extraordinario para ante la CSJN, que se deja vigente contra actos administrativos dictados en ejercicio de supuestas atribuciones jurisdiccionales, más que constituir una excepción, prueba la regla ya que según hemos visto la Corte, en los casos en que le ha tocado decidir, *ha resuelto sistemáticamente que no existían facultades jurisdiccionales de la administración.* En verdad, el recurso extraordinario subsiste hoy en día excepcionalmente más que nada — con referencia a actos administrativos— para impugnar el ejercicio administrativo de actividad jurisdiccional, al efecto de que se lo declare inconstitucional *precisamente por constituir un indebido ejercicio de jurisdicción a cargo de órganos administrativos.* No existe pues en nuestro sistema tal actividad.

Ello significa que no puede nunca limitarse la revisión judicial de los actos administrativos con base en una supuesta actividad jurisdiccional ejercida previamente por la administración: hacerlo implica caer en otra de las confusiones que afectan a este tema.

La conclusión, pues, consiste en que la doctrina de las facultades jurisdiccionales de la administración, además de no tener asidero constitucional ni jurisprudencial, no puede tener incidencia alguna válida sobre la revisión judicial; esta última debe efectuarse por igual y con iguales alcances, cualquiera que sea la índole de la actividad que la administración pública haya ejercido previamente.[94]

16.4. *Una aclaración procesal*

Por fin, corresponde destacar que si bien en algunos casos la Corte Suprema ha admitido la procedencia del recurso extraordinario contra actos administrativos que pretendían ejercer funciones o facultades jurisdiccionales, al solo efecto de declarar la inconstitucionalidad de la decisión así tomada, lo que en realidad corresponde y usualmente ocurre, es que el particular ataque el acto supuestamente jurisdiccional ante la justicia ordinaria en razón de la materia y del caso.

En otras palabras, él deberá iniciar un juicio de conocimiento —ordinario o sumarísimo según corresponda de acuerdo al CPCC de la Nación— contra el Estado, si ninguna previsión legal distinta existe para el caso, o deberá ejercer los "recursos" "limitados" que la legislación le acuerde según las situaciones.[95] Será entonces allí, en esa primera revisión judicial por jueces inferiores, donde el particular deberá reiterar o plantear el caso federal por violación a la garantía del debido proceso ante el pretendido

---

94   16.20 Esto se aplica también a la supuesta actividad política o de gobierno del Poder Ejecutivo, como lo hemos dicho en el t. 2, cap. VIII

95   16.21 Ver *infra*, t. 2, cap. XIII. Uno de los casos más recurrentes es el de los recursos de "apelación" que diversas leyes dan ante la Cámara del fuero contra decisiones administrativas, como ocurre en materia de entes reguladores: *infra*, cap. XV. La ley 25.488 derogó el juicio sumario.

ejercicio de facultades jurisdiccionales por la administración, para luego seguir ante los jueces superiores y en
último grado ante la Corte Suprema en procura de una satisfacción a su planteo en el orden interno, previo a acudir
al orden supranacional. Desde el ángulo estricto del derecho procesal, pues, no sería en principio correcto intentar
directamente la vía del recurso extraordinario, aun contra
un acto que supuestamente ejerza facultades jurisdiccionales, sino que deben normalmente intentarse y agotarse las
instancias judiciales previas previstas en el ordenamiento
jurídico.

17. EL ART. 109 DE LA CONSTITUCIÓN NACIONAL Y LA FUNCIÓN JURISDICCIONAL

Finalmente, la conclusión de que la administración no
ejerce ni puede ejercer función jurisdiccional se desprende
no sólo del art. 18 de la Constitución, cuando garantiza la
inviolabilidad de la defensa en juicio de la persona y de los
derechos,[96] sino también del art. 109: "En ningún caso el
Presidente de la Nación puede ejercer funciones judiciales,
arrogarse el conocimiento de causas pendientes o restablecer las fenecidas."

Cuando la Constitución expresa que no puede "ejercer
funciones judiciales," no cabe sino interpretar que ello supone una distinción entre funciones judiciales y funciones
administrativas. ¿Dónde estará la diferencia entre ambas?
Si caracterizamos a la "función judicial" por el contenido,
el Poder Ejecutivo no podrá dictar actos de ese contenido
que establezcamos; si en cambio la caracterizamos por el

---

96   17.1 Para su desarrollo ver *infra*, t. 2.

efecto jurídico que sus actos deben producir, entonces concluiremos en que el Poder Ejecutivo no podrá dictar actos que produzcan tales efectos jurídicos. La conclusión es siempre, inevitablemente, la misma; debemos definir de algún modo la "función judicial" y decir ineludiblemente que eso no podrá, bajo ningún concepto, hacerlo la administración.

18. LA SUPUESTA DISTINCIÓN ENTRE JURISDICCIÓN "JUDICIAL" Y "ADMINISTRATIVA"

Se ha tratado no obstante de salvar esa objeción afirmando que aunque de acuerdo con el art. 109 de la Constitución el Poder Ejecutivo no puede realizar funciones "judiciales," sí puede en cambio realizar funciones "jurisdiccionales," diciéndose entonces que lo "jurisdiccional" es el género, el cual admitiría dos especies: la "jurisdicción judicial" y la "jurisdicción administrativa." Con ello resultaría que la administración no realizaría "jurisdicción judicial," pero sí "jurisdicción administrativa."

Por de pronto ya hemos dicho en otro lugar que hablar de "jurisdicción judicial" es una redundancia, pues judicial significa lo relativo a la judicatura, esto es, a los jueces: los órganos que ejercen la función jurisdiccional; y que hablar de "jurisdicción administrativa," esa "desconcertante frase" como dice con cierta ironía VIVANCOS,[97] implica una *contradictio in terminis*, pues si hay jurisdicción no hay administración y viceversa; si se pretende aclarar que esta última es "jurisdicción sobre materia administrativa," hay

---

97 18.1 VIVANCOS, EDUARDO, Las causas de inadmisibilidad del recurso contencioso-administrativo, Barcelona, 1963, p. 56.

una impropiedad lingüística.[98] Pero aun dejando de lado ese aspecto terminológico y lógico, si admitiéramos que pueda ser verbalmente adecuado efectuar tal distinción, queda todavía por ver si ella es conceptualmente correcta.

No lo es. Pues si se trata de diferenciar tales "conceptos" de "jurisdicción judicial" y "jurisdicción administrativa" —como será ineludible hacerlo ya que se afirma que se trata de especies distintas— se enfrenta un problema insoluble.

En efecto, si la diferencia se la da por el órgano y se afirma como habitualmente se hace que "es judicial la que ejercen los jueces, administrativa la que ejercen los órganos administrativos," entonces hay una petición de principios, pues se está diciendo otra vez que el Poder Ejecutivo no puede realizar funciones de los jueces, pero no se define a éstas sino por el hecho de que son de los jueces y viceversa [...] Si se desea distinguir "jurisdicción judicial" de "jurisdicción administrativa" pareciera ser requisito *sine qua non* de la distinción explicar en qué consiste la diferencia [...]: debe calificarse de algún modo cuál es la función específica de los jueces y hecho esto, concluir en que tal función no puede ser realizada por el Poder Ejecutivo. Por ello, sea que se escoja definir a la función de los jueces como la de resolver *contiendas* en forma definitiva, o que se la califique tan sólo como la función de resolver en forma definitiva, ello será algo que el Poder Ejecutivo, por el art. 109, no podrá hacer.

---

98 18.2 Lo dijimos en nuestra *Introducción al derecho administrativo*, Buenos Aires, Perrot, 1962, 1ª ed., p. 46 y lo reiteramos en *Procedimiento y recursos administrativos*, Buenos Aires, Macchi, 1971, 2ª ed., cap. I, en argumentos que aquí reproducimos.

Con esto resulta que el pretendido *género* que contaría con *dos especies* no es en absoluto tal: la actividad de los jueces y la actividad de la administración, llámeselas como se las llame, están escindidas en el art. 109 de la Constitución con el alcance de que *la administración no puede ejercer la de los jueces*: no hay entonces un nexo común entre ambas actividades; la actividad propia de los jueces es exclusivamente de ellos y en ningún caso puede ser ejercida por la administración.

Para poder afirmar que el Poder Ejecutivo tiene "función jurisdiccional" que no es "función judicial," será necesario definir la función judicial por su contenido o régimen jurídico, diferenciándola entonces por su contenido o régimen, *pero no por el órgano*, de la función "jurisdiccional." Pero es obvio que tal intento es fallido, porque toda definición de función judicial que no caiga en la absoluta sencillez de decir que es un acto concreto de aplicación de derecho, tendrá que declarar reservada a los jueces y prohibida a la administración la decisión definitiva con fuerza de verdad legal de controversias entre partes.

Por lo demás, la definición de que es la aplicación del derecho a un caso concreto no distingue, sino que confunde en un solo caso, las funciones de la administración y de la justicia, siendo que la Constitución dice que las funciones de la justicia no pueden ser ejercidas por la administración: necesariamente deben aplicarse diferencias materiales y de régimen jurídico entre ambas.

Es pues lógicamente imposible, dentro de la rígida norma del art. 109, admitir que el Poder Ejecutivo pueda ejercer funciones "jurisdiccionales."

Como dice FIORINI,

"Toda nuestra tradición jurídica es la negación de las razones determinantes que influyeron en Francia para la creación de la presunta jurisdicción en la administración. El art. 95 (hoy 109) que prohíbe que «en ningún caso» el Poder Ejecutivo, es decir, el jefe que tiene a su cargo la administración general del país, realice actividades judiciales, implica también que no podrá cumplir funciones jurisdiccionales." "Este art. 95 (109) proyectado por ALBERDI —cuya posición contra la dictadura es la que le hace preparar las bases de nuestra ley fundamental— se relaciona con el enfático y típicamente argentino art. 29 de total repudio a la suma del poder público. El art. 95 (109) es una especie del género prohibitivo que establece este art. 29."

"Tanto es ese temor —razón dominante— que en el art. 23 se reitera nuevamente en forma expresa la imposibilidad de que el Poder Ejecutivo pueda realizar funciones judiciales." "Estas tres prohibiciones no rigen solamente para el Poder Ejecutivo, como pretende una desviada interpretación que se queda con la letra y excluye el contenido funcional que estos artículos encierran. La labor judicial o jurisdiccional está prohibida al jerarca superior y por ende a los órganos inferiores, es decir a toda la administración pública sin excepción."[99]

---

99 18.3 FIORINI, "Inexistencia del acto jurisdiccional y judicial en la administración pública," *op. cit.,* p. 39.

19. CONCLUSIÓN SOBRE LA FUNCIÓN JURISDICCIONAL DE LA ADMINISTRACIÓN

En resumen: ni de acuerdo con la jurisprudencia de la Corte Suprema ni con las normas constitucionales, puede hablarse de función jurisdiccional por parte de la administración, con el alcance de sustituir total o parcialmente la actividad jurisdiccional propia de los jueces. Si hacemos la dicotomía "jurisdicción judicial" y "jurisdicción administrativa," ello no sólo implicará una contradicción lógica insuperable, sino que será otro de los términos que arrojará siempre dudas innecesarias sobre la naturaleza de la revisión judicial. Si, a pesar de todo, leemos en los fallos una mención a tales supuestas "facultades jurisdiccionales de la administración," tendremos que hacerlo con la reserva mental de que *no se confunden ni sustituyen a la función propia de los jueces*; no se trata de especies de un mismo género, ni son intercambiables; *la necesaria intervención judicial* exigida por la Corte Suprema de Justicia de acuerdo con la Constitución, *no se salva con la intervención de un organismo administrativo*, llámense como se llamen las atribuciones que en el caso ejerza. Esto es lo fundamental y lo que nos lleva a afirmar que *la revisión judicial de los actos administrativos no es en absoluto una continuación limitada del "proceso administrativo," ni un proceso especial con caracteres esencialmente distintos del proceso judicial ordinario*. Este es el punto de partida a nuestro juicio más importante para toda consideración de los distintos aspectos que dicha revisión presenta.

Para expresarnos con absoluta corrección, en consecuencia, no debemos hablar en caso alguno de "facultades jurisdiccionales de la administración," por cuanto en nuestro sistema las facultades jurisdiccionales sólo corresponden a los jueces.

20. RECAPITULACIÓN. LAS FUNCIONES ADMINIS-TRATIVAS DE LOS TRES PODERES

La actividad de tipo administrativo que realizan los poderes judicial y legislativo se rige en un todo por el régimen jurídico propio de la misma actividad administrativa, no correspondiendo en principio aplicarle el régimen jurídico de la función jurisdiccional ni de la función legislativa, aunque de esos poderes se trata.

Tratándose del Poder Legislativo, observamos que cuando las cámaras nombran y remueven a su personal; cuando otorgan una concesión para los servicios de confitería, etc., del Congreso; cuando organizan y administran la Imprenta del Congreso, la Biblioteca del Congreso, etc.; cuando contratan con empresas la construcción o refacción de las obras de palacio legislativo; cuando compran materiales, libros, etc., en todos estos casos y muchos más *el Poder Legislativo se encuentra realizando una función típicamente administrativa, que además se rige por el régimen jurídico propio de la función administrativa.*

El Poder Judicial, al igual que el Legislativo, realiza una enorme cantidad de funciones de tipo administrativo: nombramientos, dirección y remoción de su personal; suministros de papel, libros, máquinas, muebles, etc.; construcción de obras; edición de fallos; alquiler o compra de edificios para los juzgados, etc., todo ello constituye ejercicio de la función administrativa, regido también por el régimen jurídico propio de ella. El poder administrador es obviamente el que realiza la mayor parte de la función administrativa. Pero cabe observar que, a diferencia de los otros poderes, que realizan su propia función y además la administrativa, él realiza sólo la función administrativa, no correspondiéndole —con criterio jurídico formal— ni siquiera parte del ejercicio de las otras funciones. El concepto de función administrativa es así el más indefinido de todos, pues no tiene, a diferencia de las demás funciones, un contenido único.

En efecto, la función administrativa, desde el punto de vista de su contenido, puede consistir tanto en el dictado de normas jurídicas generales, como en la decisión de controversias entre partes, como y he aquí lo más frecuente, en la actuación material en los casos concretos que se le presentan.

A diferencia de las otras funciones, que no sólo tienen un contenido preciso y único1 sino que también son realizadas sólo por los órganos específicamente creados por la Constitución al efecto, la función administrativa no está sólo a cargo de la administración: también la realizan en cierta medida los otros poderes; y este desempeño de la función administrativa por parte de los otros poderes del Estado, se efectúa bajo el mismo régimen jurídico de la función administrativa: es decir, no ocurre aquí lo mismo que en los casos anteriores, en los cuales los otros poderes realizaban alguna actividad semejante a las de uno, pero esa actividad no tenía su régimen jurídico y no podía por ende ser considerada como parte de la misma función.

La actividad de tipo administrativo que realizan los poderes judicial y legislativo se rige, repetimos, por el régimen jurídico de la actividad administrativa y no procede aplicarle el régimen jurídico de la función jurisdiccional ni legislativa, salvo en las posibles excepciones que comentamos en el § 22.[100].

21. RESUMEN DE LAS FUNCIONES DEL ESTADO

Dado que la función administrativa no es realizada por ningún órgano con exclusión de los demás y que no tiene un contenido propio que la caracterice, su definición es la suma de las conclusiones parciales que hemos expuesto. Diremos así que la función administrativa es: *a*) en primer lugar, toda la actividad que realizan los órganos administrativos y autoridades administrativas independientes (criterio subjetivo); *b*) en segundo lugar, toda la actividad que realiza el órgano legislativo, excluida la función legislativa (en sentido material y orgánico) que le es propia (criterio residual); *c*) en tercer lugar, toda la actividad que realizan los órganos judiciales, excluida la función jurisdiccional (en sentido material y orgánico) que específicamente realizan (criterio residual).

O sea que es "toda la actividad que realizan los órganos administrativos y la actividad que realizan los órganos legislativo y jurisdiccionales, excluidos respectivamente los hechos y actos materialmente legislativos y jurisdiccionales."

Por razones de simplificación no incluimos en este concepto el caso de las funciones administrativas excepcionalmente realizadas por instituciones no estatales.

---

100 20.1 *Supra*, § 6 y 7.

22. OTROS PROBLEMAS

22.1. *La "jurisdicción voluntaria" y las leyes concretas*

Es claro que la definición no cierra del todo, pero ninguna lo hace. Una solución sería realmente abandonar el intento y contentarse con la descripción enumerativa. Pero pensamos que la definición dada puede ser de alguna utilidad como orientación genérica, sin perjuicio de señalar que tiene algunos aspectos puntuales que son todavía debatibles. Dentro de ellos nos referiremos al problema planteado por ciertas actividades tradicionalmente consideradas administrativas: la "jurisdicción voluntaria" ejercida por los jueces, ciertas leyes concretas del Poder Legislativo (presupuesto, pensiones, etc.), el juicio político del Congreso y las funciones administrativas realizadas por personas públicas no estatales y por determinados particulares.

En el caso de la jurisdicción voluntaria, si fuera verdaderamente función administrativa, su calidad de tal es perfectamente coherente con las definiciones que hemos expuesto; sin embargo, un autor ha objetado que tales actividades no se rigen en verdad por el derecho administrativo, por lo cual mal puede aplicárseles la denominación de función administrativa.[101]

La objeción es exacta en la medida en que se sostenga que tales actividades son de tipo administrativo, pero la cuestión es que tal vez lo inexacto sea considerar, como se hizo tradicionalmente, que tales actos sean de sustancia administrativa.

---

101   22.1 GARRIDO FALLA, *op. cit.*, t. I, p. 26 y ss.

En este sentido es posible que corresponda modificar la formulación tradicional del carácter administrativo de estos actos y decir que si bien ellos no tienen objetivamente carácter jurisdiccional, en un caso (en cuanto no son resolución de una contienda entre partes) o legislativo, en otro (en cuanto no son normas generales), *deben con todo asimilarse a los actos de tal carácter*, por su gran similitud formal con ellos y por la aplicación que reciban de igual régimen jurídico.

22.2. *Funciones de autoridades administrativas independientes*

En las postrimerías del siglo XX se hizo también común, en Europa, la institución de la "autoridad administrativa independiente," creada a semejanza del clásico modelo norteamericano de autoridades reguladoras.[102] Son creadas y dependen del Congreso de la Nación, no del Poder Ejecutivo nacional. Los funcionarios que integran sus directorios se designan para períodos escalonados; tienen estabilidad por el período para el cual son nombrados, que no coincide con el de las autoridades políticas. En Estados Unidos las más conocidas son la FCC, *Federal Communications Commission*; SEC, *Securities and Exchange Commission*; *Federal Reserve Board*, etc. Cabe señalar que su independencia, unida a su no conexidad con los períodos presidenciales, le otorga al Estado mismo una mayor estabilidad y continuidad. Además es una de las claves de un moderno sistema democrático de división del poder.

---

102 22.2 Como lo explica GENTOT, MICHEL, *Les autorités administratives indépendantes*, París, 1994, p. 1; ver también COLLIARD, CLAUDE-ALBERT y TIMSIT, GÉRARD (directores), *Les autorités administratives indépendantes*, París, PUF, 1988.

En nuestro país son el Defensor del Pueblo de la Nación, la Auditoría General de la Nación, los entes reguladores de los servicios públicos monopolizados,[103] el Consejo de la Magistratura, el Jurado de Enjuiciamiento de Magistrados, el Ministerio Público. Su función no es dictar normas generales con fuerza de ley ni resolver contiendas con autoridad de cosa juzgada, por lo tanto no legislan ni juzgan:[104] administran, pero en forma independiente de los otros poderes del Estado. Es una nueva concepción democrática del poder.

En cuanto a los entes reguladores en particular, se está produciendo una tendencia que lleva a su futura independencia real. Por una parte, se tiende a eliminar el control de sus actos por vía administrativa de alzada.[105] Por la otra, se comienza a perfilar algunos aspectos semejantes a la jurisdicción, como ser en ocasiones terceros desinteresados del proceso.[106] También se reduce la ingerencia por otras vías de parte del Poder Ejecutivo. Si este conjunto de datos promisorios se afirmara, tendríamos un caso de lo que en Estados Unidos de Norte América se llama jurisdicción

---

103 22.3 Cuando tienen ley regulatoria. Ampliar *infra,* cap. XV, "Los entes reguladores" § 4, "Independencia y estabilidad," 6 "Facultades regulatorias" y 8, "El ente regulatorio no tiene jurisdicción administrativa."

104 22.4 Otros autores, en cambio, piensan que realizan las tres funciones del Estado y son como un pequeño Estado dentro del Estado (BIANCHI.) Es una buena hipérbole, didácticamente útil, aunque desde luego no descriptiva.

105 22.5 Ampliar infra, t. 4, El procedimiento administrativo, op. cit., cap. XI.

106 22.6 Esto se advierte claramente en CNFed. CA, Sala I, *Ángel Estrada y cía. S.A.*, año 1999, *LL*, 2000-E, 527

administrativa primaria: ni jurisdicción plena, ni administración pura.

22.3. *Funciones administrativas de órganos no estatales*

Otra cuestión de interés, que implica también una excepción a la idea genérica que la definición transmite, es la
relativa a la realización de funciones administrativas por
órganos no estatales. Los llamados entes públicos no estatales, a que nos referimos más abajo, como así también a
veces simples personas privadas, ejercen una parte del poder del Estado y en esa medida ejercen función administrativa y dictan, consecuentemente, actos administrativos. La
cuestión era discutida en el derecho argentino y había anteriormente primado la opinión contraria,[107] pero por las
razones que exponemos en su lugar creemos que la excepción cabe ser admitida, por lo menos en el derecho administrativo argentino. En otros países la práctica de otorgar
funciones administrativas a entidades no estatales se halla
más difundida aun,[108] por lo que debe tenérsela presente
como una excepción de cierta importancia.

En el derecho argentino el ejercicio de funciones administrativas públicas por parte de órganos no administrativos aparece reconocido en el art. 86 de la Constitución nacional al referirse al objeto de contralor por el Defensor del
Pueblo de la Nación y en la ley sobre la auditoría general
de la Nación. El ejemplo más importante es el de los conce-
sionarios y licenciatarios de un poder monopólico o exclu-

---

107 22.7 Ampliar en el t. 3, *El acto administrativo*, cap. I, § 12, "Distintos
ejemplos de actos administrativos de personas no estatales."

108 22.8 Ver FERNÁNDEZ RODRÍGUEZ, TOMÁS, *Derecho administrativo, sindicatos y autoadministración*, Madrid, 1972, p. 179 y ss.

sivo conferido por el Estado, particulares ambos sometidos al control de tales órganos en virtud de ejercer funciones de dicha naturaleza.

También hay funciones administrativas públicas ejercidas por personas públicas no estatales, es el caso del Colegio Público de Abogados de la Capital Federal.

22.4. *Las funciones materiales del Estado*

Cabe advertir contra una errada concepción que asimila a las así denominadas "funciones" del Estado, con una noción finalista o teleológica, pretendiendo por asimilación verbal suponer que el fin del Estado es realizar las tres funciones antedichas. Por el contrario, el fin del Estado se concreta hoy en día principalmente en sus funciones políticas, económicas y sociales, que son así funciones en sentido material pero no en sentido formal jurídico. Lo que ocurre es que la clasificación formal de las tres "funciones" del Estado en legislativa, jurisdiccional y administrativa, es una primera manera de aproximarse al conocimiento del funcionamiento jurídico del aparato del Estado. Luego de esta primera aproximación corresponderá seguir analizando otras clasificaciones igualmente formales, pero que responden a diversos aspectos del régimen jurídico administrativo: facultades discrecionales y regladas de la administración, actos y hechos administrativos, derecho subjetivo (y derechos de incidencia colectiva), interés legítimo e interés simple, entes públicos estatales y no estatales, etc.

También será necesario referirse a una institución clásica del derecho administrativo que hoy día nos parece corresponde cuestionar, como es el poder de policía.[109] Explicar aquí las funciones del Estado en la trilogía clásica mencionada no quiere en modo alguno decir, pues, que esas sean las funciones materiales que el Estado moderno debe realizar para satisfacer con ello sus fines: será en todo caso *a través* de estas funciones formales que habrá luego de cumplir, o no, sus finalidades materiales en el campo político, económico y social.

---

109 22.9 Desarrollamos el tema *infra*, t. 2, cap. V, "El «Poder de policía.»"

LAS FUNCIONES DEL ESTADO, LA FUNCIÓN ADMINISTRATIVA, Y LAS ACTIVIDADES ESTATALES

Allan R Brewer-Carías

Tomado de parte de la "Introducción General" de su obra *Derecho Administrativo*, Universidad Externado de Colombia, Caracas / Bogotá 2005.

(*Omissis*)

I. EL PRINCIPIO DE LA FORMACIÓN DEL DERECHO POR GRADOS

El Segundo principio fundamental del derecho público consagrado en la Constitución, es el principio de la jerarquía de las normas o de la formación del derecho por grados, de particular interés para el derecho administrativo, dado que la actividad de la Administración que por esencia regula, es siempre una actividad de carácter sub legal, es decir, de ejecución directa e inmediata de la legislación y sólo de ejecución indirecta y mediata de la Constitución.

1. *La Constitución como fuente del ordenamiento jurídico y el sistema jerarquizado del ordenamiento jurídico*

En efecto, en todos los ordenamientos jurídicos modernos puede encontrarse una distinción entre, las normas que integran la Constitución en sí misma, como derecho positivo superior; y las normas que son sancionadas por una autoridad con poderes derivados de la Constitución. En otras palabras, particularmente en aquellos sistemas con Constituciones escritas, siempre puede establecerse una distinción entre la norma constitucional y legislación ordinaria; y luego, entre la legislación y las normas dictadas en ejecución de la misma; pudiendo decirse que las normas que integran el ordenamiento jurídico siempre se organizan deliberada o espontáneamente en forma jerárquica, de manera que existen normas en un nivel superior que siempre prevalecen sobre otras normas de nivel inferior.

De ello deriva, como se ha dicho, el segundo principio fundamental del derecho público en la Constitución de 1999: el de la formación del derecho por grados.

Este principio tiene su origen en la teoría de Hans Kelsen sobre el orden jurídico como sistema de normas de derecho, el cual constituye una unidad con la multitud de normas que lo integran porque está estructurado en forma jerarquizada. Ello permite determinar la relación jerárquica que existe entre el conjunto normas o de reglas de derecho que forman el ordenamiento, de manera que cada norma del mismo normalmente deriva de otra, y esta cadena de derivaciones tiene su vértice precisamente en un *Grundnorm* o Constitución, que constituye la última razón que justifica la existencia de todas las normas del sistema.

El orden jurídico, para Kelsen, regula su propia creación, en el sentido de que una norma jurídica determina la forma en que es creada de manera que:

> Cuando una norma jurídica es válida por haber sido creada en la forma establecida por otra, la última constituye la razón de validez de la primera. La relación entre la que regula la creación de otra y esta misma norma, puede presentarse como un vínculo de supra y subordinación, siendo estas figuras del lenguaje de índole espacial. La norma que determina la creación de otra, es superior a ésta; la creada de acuerdo con tal regulación, inferior a la primera. El orden jurídico, especialmente aquél cuya personificación constituye el Estado, no es, por tanto, un sistema de normas coordinadas entre sí, que se hallasen, por así decirlo, una al lado de otra, en un mismo nivel, sino que se trata de una verdadera jerarquía de diferentes niveles. La unidad de esas normas hallase constituida por el hecho de que la creación de la de grado más bajo se encuentra determinada por otra de grado superior, cuya creación es determinada, a su vez, por otra todavía más alta. Lo que constituye la unidad del sistema es precisamente la circunstancia de que tal *regressus* termina en la norma de grado más alto, o básica, que representa la suprema razón de validez de todo el orden jurídico[1].

---

1   H. Kelsen, *Teoría General del Derecho y del Estado*, Universidad Nacional Autónoma de México, Imprenta Universitaria, México, D.F., 1958, p. 146; H. Kelsen, *General theory of Law and State*, trans. Wedberg, rep. 1901, pp. 110 y ss.

En otras palabras del mismo Kelsen:

Una pluralidad de normas constituye una unidad, un sistema o un orden, cuando en el análisis final, su validez depende de una norma o ley única. Esta norma fundamental es la fuente común de validez de todas las normas que pertenecen al mismo orden y que forma su unidad. En esta forma, una norma pertenece a un orden dado cuando sólo existe la posibilidad de hacer que su validez dependa de la norma fundamental que es la base de tal orden[2].

Esta "Teoría de la pirámide jurídica", como el mismo Kelsen la denominó[3], o de la sistematización gradual del ordenamiento jurídico en forma jerárquica, con la Constitución en la cúspide, fue desarrollada particularmente en el campo del derecho administrativo por Adolf Merkl[4]; de la misma llamada "Escuela de Viena", particularmente en relación con las funciones del Estado, de manera que la función administrativa siempre es de carácter sub legal, es decir, de ejecución directa de la legislación y sólo indirecta de la Constitución . La teoría, en todo caso, proporciona un buen método de orden lógico para construir un sistema que contentivo de los diversos niveles normativos del ordenamiento jurídico de cualquier Estado contemporáneo. También suministra una explicación lógica para determi-

---

2   H. Kelsen, *Teoría pura del Derecho,* Buenos Aires, 1981, p. 135.

3   H. Kelsen, *Teoría General del Estado*, trad. Luis Legaz Lacambra, Editora Nacional, México, 1954, p. 325.

4   Véase A. Merkl, *Teoría General del Derecho Administrativo*, Madrid, 1935, pp. 7-62. Véase también H. Kelsen, "La garantie juridiccionnelle de la Constitution (La Justice constitutionnelle)", *Revue du Droit Public et de la Science Politique en France et a l'étranger,* París 1928, pp. 197-257.

nar la validez formal de cada uno de esos niveles normativos.

En efecto, el derecho positivo de cualquier Estado consiste no sólo en las leyes como actos formales emanados del Parlamento, sino también en otros actos normativos, como los decretos leyes, los reglamentos y los principios generales del derecho. Todos estos preceptos que hacen que el ordenamiento jurídico se aplique en un momento determinado, no sólo tienen orígenes diferentes sino también diferentes jerarquías o grados distintos, de manera que no se pueden considerar como normas coordinadas situadas en yuxtaposición[5]. Al contrario, todo ordenamiento jurídico tiene una estructura jerarquizada con sus normas distribuidas en diferentes niveles, más o menos una sobre la otra. Dentro de esta jerarquía, necesariamente debe haber una conexión formal entre las normas, pues a pesar de sus orígenes y características diferentes, están orgánicamente relacionadas.

En consecuencia, el ordenamiento jurídico no puede ser interpretado como un mero agregado de componentes inorgánicos y desordenados, o simplemente como una mera yuxtaposición causal de normas. Al contrario, para poder comprender a cabalidad el ordenamiento jurídico de un Estado, todos esos componentes deben organizarse en forma jerárquica, de manera que formen un sistema jurídico con diferentes tipos de normas unificadas y relacionadas. En otras palabras, deben responder a un orden sistemático, con relaciones de dependencia entre las diferentes partes, partiendo de la existencia de una base común de

---

5   H. Kelsen, *Teoría pura…, cit.,* p. 147.

validez, con la forma de ley fundamental y superior (Constitución), de manera que la creación de una norma legal siempre se basa en otra norma legal.

Por ejemplo, la sanción de leyes ordinarias o actos del Parlamento están regulados por la Constitución; y la potestad para reglamentar las leyes y la forma en que debe hacerse, está regulada por las leyes formales. En cuanto a las decisiones judiciales y a las actuaciones de los tribunales, las mismas están sujetas a normas legales establecidas en leyes formales y en reglamentos. Asimismo, los actos administrativos están sometidos a las leyes ordinarias, y a los reglamentos; y así sucesivamente.

Con este método, en consecuencia, en el análisis global del ordenamiento jurídico se puede establecer una distinción entre aquéllos actos de Estado que se dictan en ejecución directa e inmediata de la Constitución, es decir, que son dictados directamente en ejercicio de poderes constitucionales, y aquéllos cuya ejecución no está directamente relacionada con la Constitución y que se dictan en ejercicio directo de poderes establecidos en normas de derecho inferiores a la Constitución. Estos son actos de ejecución directa e inmediata de la legislación y de ejecución indirecta y mediata de la Constitución.

2. *La formación del derecho por grados en la Constitución de 1999*

Este principio de la formación del derecho por grados es uno de los principios fundamentales del derecho público que adopta la Constitución de 1999; conforme a la cual todas las actuaciones del Estado derivan de la ejecución de la Constitución como norma suprema, en forma escalonada y sucesiva, configurándose entonces dos tipos de actividades estatales: aquéllas que derivan de la ejecución directa e inmediata de la Constitución; y aquellas que son de ejecución directa e inmediata de la Legislación y, por tanto, de ejecución indirecta y mediata de la Constitución[6].

En efecto, partiendo de la consideración de Constitución como norma suprema y como fundamento del ordenamiento jurídico, como lo declara incluso su artículo 7, hay actividades que realizan determinados órganos del Estado en cumplimiento de atribuciones establecidas directa y exclusivamente en la Constitución, sin que exista o pueda existir otro acto estatal de ejecución directa e inmediata de la Constitución, como las leyes, que las regulen y que se interpongan entre la Constitución y la actividad. Por ejemplo, la actividad legislativa de la Asamblea Nacional o la actividad de gobierno del Presidente de la República. Además, hay otras actividades de los órganos del Estado que se realizan en cumplimiento de atribuciones establecidas no sólo en la Constitución sino básicamente en las leyes, donde por principio existe o puede y debe existir un cuerpo legislativo que las regule. Por ejemplo, la actividad judicial y, precisamente, la actividad administrativa.

Las actividades realizadas en ejecución directa e inmediata de la Constitución, precisamente por ello sólo están y pueden estar sometidas a lo que dispone el texto funda-

---

6   Véase sobre el sistema jerarquizado o graduado del orden jurídico en el orden constitucional venezolano Allan R. Brewer-Carías, *Derecho Administrativo,* Tomo I, Ediciones de la Facultad de Derecho, Caracas, 1975, pp. 373 y ss.; *Evolución Histórica del Estado,* Tomo VI *de Instituciones Políticas y Constitucionales,* Universidad Católica del Táchira, Editorial Jurídica Venezolana, Caracas, San Cristóbal 1996, pp. 107-117.

mental, no teniendo competencia el Legislador para regularlas mediante leyes; las segundas, en cambio, son actividades realizadas en ejecución directa e inmediata de la legislación e indirecta y mediata de la Constitución, las cuales, precisamente por ello, además de estar sometidas al texto fundamental (como toda actividad estatal), están sometidas a las regulaciones establecidas, además de en la Constitución, en las leyes y en las otras fuentes del derecho.

Por otra parte, actividades realizadas en ejecución directa e inmediata de la Constitución,, dada que se realizan en ejecución directa e inmediata de la Constitución, sólo están sometidas al control de constitucionalidad a cargo de la Jurisdicción Constitucional que corresponde a la Sala Constitucional del Tribunal Supremo (Arts. 334, 336,2 y 4); las segundas, en cambio, están sometidas al control de constitucionalidad y de legalidad que corresponden a las otras Jurisdicciones del Poder Judicial, tanto a las ordinarias, como sucede con las apelaciones y la Casación en lo que concierne a la actividad judicial; como a la Jurisdicción Contencioso-Administrativa y a la Jurisdicción Contencioso-Electoral (Arts. 259, 297) cuando se trata de actividades administrativas[7].

---

7   Como lo ha señalado la Sala Constitucional del Tribunal Supremo de Justicia en sentencia N° 1268 de 06-07-2004 al referirse a los actos dictados por la Dirección Ejecutiva de la Magistratura del propio Tribunal Supremo: "por cuanto no se trata, el que fue impugnado, de un acto del Poder Público que hubiere sido dictado en ejecución directa de la Constitución, sino en ejercicio de función administrativa y, por ende, de rango sublegal, no es la jurisdicción constitucional que ejerce esta Sala la que tiene competencia para su control. Por el contrario, y de conformidad con el artículo 259 de la Constitución, corresponde a la jurisdicción contencioso-administrativa el conocimiento de la demanda de nu-

Las actividades administrativas, por tanto y por esencia, constituyen actividades estatales que se realizan siempre en ejecución directa e inmediata de la legislación y por tanto, en ejecución indirecta y mediata de la Constitución; y precisamente por ello es que son esencialmente de carácter sublegal, aún cuando en un momento dado no se haya dictado la legislación correspondiente que las regule en concreto.

Sin embargo, este principio fundamental del constitucionalismo venezolano, ha sido lamentablemente violentado por la Sala Constitucional del Tribunal Supremo de Justicia, para justificar su supuesta competencia exclusiva para controlar la actividad administrativa desarrollada por el Consejo Supremo Electoral, en lo que se refiere a los actos administrativos dictados en relación con el proceso de referendo revocatorio del mandato del Presidente de la República, realizado durante el año 2004, impidiendo así a la Sala Electoral (Jurisdicción Contencioso-Electoral) ejercer sus competencias constitucionales de control de dicha actividad[8].

---

lidad que en su contra se formuló y así se decide". Véase *en Revista de Derecho Público*, N° 99-100, Editorial Jurídica Venezolana, Caracas 2004.

8   Véase la sentencia de avocamiento el N° 566 el 12 de abril de 2004 (Caso: *Julio Borges, César Pérez Vivas, Henry Ramos Allup, Jorge Sucre Castillo, Ramón José Medina y Gerardo Blyde vs. Consejo Nacional Electoral*) con motivo de la impugnación de la Resolución N° 040302-131 de 2 de marzo de 2004 del Consejo Nacional Electoral, mediante la cual dicho órgano informó sobre resultados preliminares de la verificación de las solicitudes y firmas en el procedimiento revocatorio iniciado en relación con el Presidente de la República, y de un Instructivo del mismo Consejo Nacional Electoral *sobre el tratamiento por el comité técnico superior de las firmas de caligrafía similar o renglones de planillas llenadas por la misma persona*. Véanse los comentarios en Allan R. Brewer-Carías, *La Sala Constitucional vs. El Estado de-*

En esta materia, lo que en ningún momento puede confundirse es el principio de aplicación directa de las normas constitucionales, antes analizado, es decir de que hay "normas constitucionales de aplicación directa e inmediata", como por ejemplo aquellas que atribuyen competencia a los órganos del Estado y aquellas que declaran derechos y garantías constitucionales; con el principio de "los actos que se dictan en ejecución directa e inmediata de la Constitución". Es decir, una cosa es el principio de la aplicación directa e inmediata de las normas constitucionales que en materia de derechos fundamentales o de competencia de los órganos del Poder Público, no requieren (pero no excluyen) la existencia previa de leyes para poder ser aplicadas; y otra cosa es el rango que tiene los diversos actos dictados por los órganos en ejercicio del Poder Público en relación con la Constitución, en el sentido de que algunos son dictados en ejecución directa e inmediata de la Constitución (rango legal) no siendo posible su regulación por ley, y otros lo son en ejecución directa e inmediata de la legislación e indirecta y mediata de la Constitución pudiendo esencialmente ser regulados por la ley (rango sublegal)[9].

---

mocrático de derecho (El secuestro del Poder Electoral y de la Sala Electoral del Tribunal Supremo y la confiscación del derecho a la participación política), Caracas, 2004.

9   Lamentablemente, la Sala Constitucional en la citada sentencia N° 566 el 12 de abril de 2004 (Caso: *Julio Borges, César Pérez Vivas, Henry Ramos Allup, Jorge Sucre Castillo, Ramón José Medina y Gerardo Blyde vs. Consejo Nacional Electoral*) para impropiamente atribuirse una competencia que no tenía confundió la noción de "actos estatales dictados en ejecución directa e inmediata de la Constitución", con las "normas constitucionales de aplicación directa e inmediata". Se insiste, los primeros, los actos de "ejecución directa e inmediata de la Constitución" no sólo no requieren de ley alguna que los regule, sino que constitucionalmente no podría dictarse ley alguna que se interponga entre la norma constitucional y el acto estatal que se dicte.

Por ello es que los actos dictados en ejecución di-recta e inmediata de la Constitución, es decir, de rango legal conforme a la teoría de la formación escalonada del orden jurídico, están sometidos al control de constitucionalidad por parte de la Sala Constitucional (Jurisdicción Constitucional), ya que no son actos en cuya emisión el órgano respectivo pueda estar condicionado por ley alguna. En cambio, los de carácter sublegal están sometidos no sólo a la Constitución sino a la ley, el reglamento y las otras fuentes del derecho, y por eso es que su control corresponde a la Jurisdicción contencioso administrativa y en su caso, a la Jurisdicción contencioso electoral.

De lo anterior resulta que toda actividad administrativa es ante todo, desde el punto de vista formal, una actividad que siempre es de carácter sublegal, es decir, de ejecución directa e inmediata de la legislación (así las leyes reglamentarias correspondientes no se hayan dictado) y de ejecución indirecta y mediata de la Constitución. Por supuesto, también las actividades judiciales son siempre de carácter sublegal, siendo la diferencia entre una y otra de carácter orgánico, en el sentido que las actividades judiciales siempre las realizan órganos autónomos e independientes en ejecución de la función jurisdiccional, como lo son los órganos que ejercen el Poder Judicial.

3. *Los actos estatales dictados en ejecución directa e inmediata de la Constitución (actos de rango legal)*

Los actos estatales dictados en ejecución directa e inmediata de la Constitución son los actos legislativos, los decretos leyes y los actos de gobierno.

Los actos legislativos son las leyes (Arts. 187,1 y 203) y los actos parlamentarios sin forma de ley (actos privativos e *interna corporis*) (Art. 187). Las leyes, incluso, son formalmente definidas en la Constitución, como los actos sancionados por la Asamblea Nacional como cuerpo legislador (Art. 203).

También pueden considerarse como actos con rango y valor de ley los decretos leyes o decretos con fuerza de ley dictados por el Presidente de la República previa autorización por una ley habilitante (Arts. 203; 236, 8); los dictados en materia de organización ministerial (Art. 236,20) y los dictados en estado de excepción (Arts. 236,7; 337).

Los actos del gobierno, por su parte, son los actos dictados por el Presidente de la República en ejercicio sólo de atribuciones constitucionales[10], y que por ello no pueden estar regulados o limitados por la Asamblea Nacional mediante leyes. Es el caso, por ejemplo, del nombramiento del Vicepresidente Ejecutivo, de la concesión de indultos, de la convocatoria de la Asamblea Nacional a sesiones extraordinarias, y de la disolución de la Asamblea Nacional (Art. 236,3,9,19,21).

---

10   Allan R. Brewer-Carías, "Comentarios sobre la doctrina del acto de gobierno, del acto político, del acto de Estado y de las cuestiones políticas como motivo de inmunidad jurisdiccional de los Estados en sus Tribunales nacionales", en *Revista de Derecho Público*, N° 26, Editorial Jurídica Venezolana, Caracas, abril-junio 1986, pp. 65-68.

4.   *Los actos estatales dictados en ejecución indirecta y mediata de la Constitución (actos de rango sub legal): Los actos administrativos y los actos judiciales*

Pero, en la sistematización formal del ordenamiento jurídico, dentro de este sistema graduado de producción de normas, salvo los actos dictados en ejecución directa de la Constitución, los demás actividades del Estado, particularmente las administrativas, de control y judiciales, se ejercen, no en ejecución directa de las normas constitucionales, sino más bien en ejecución directa de la "legislación", es decir, de las leyes formales o los actos del Parlamento, incluso, de los actos de gobierno o los decretos leyes dictados por los órganos constitucionales competentes, a su vez en ejecución directa de la Constitución.

En esta forma, todas las actividades administrativas y judiciales originan actos dictados en ejecución directa e inmediata de la "legislación", y en ejecución indirecta e mediata de la Constitución; es decir, son actos de carácter sublegal. En consecuencia, y en particular para el derecho administrativo, los actos administrativos dictados en ejercicio de las diversas funciones del Estado, son actos que por esencia tienen rango sublegal, por lo que, no hay ni puede haber actos administrativos que se dicten en ejecución directa e inmediata de la Constitución.

II. EL PRINCIPIO DE LA SEPARACIÓN ORGÁNICA DE PODERES: LA DIVISIÓN HORIZONTAL DEL PODER PÚBLICO

1. La penta división del Poder Público Nacional

El *sexto principio* del derecho público en la Constitución de 1999, es el de la división horizontal o separación orgánica de poderes[11], que origina órganos independientes y autónomos entre sí, que ejercen las diversas ramas del Poder Público: Legislativa, Ejecutiva, Judicial, Ciudadana y Electoral.

La Constitución de 1999, en efecto, adoptó un novedoso sistema de separación orgánica del Poder Público Nacional, al hacerlo entre cinco Poderes, agregando a los tradicionales Poderes Legislativo, Ejecutivo y Judicial, dos nuevos, los Poderes Ciudadano y Electoral. Por tanto, en el nivel nacional se distinguen cinco ramas del Poder Público: el Poder Legislativo Nacional, el Poder Ejecutivo Nacional, el Poder Judicial, el Poder Ciudadano y el Poder Electoral, correspondiendo su ejercicio a cinco complejos orgánicos diferenciados y separados. Estos son, respectivamente, la Asamblea Nacional; el Presidente, sus Ministros y el resto de los órganos del denominado "Ejecutivo Nacional"; el Tribunal Supremo de Justicia y los demás tribunales de la

---

11   Véase en general, Manuel García Pelayo, "La división de poderes y la Constitución Venezolana de 1961", en *Libro Homenaje a Rafael Caldera: Estudios sobre la Constitución*, Tomo III, Facultad de Ciencias Jurídicas y Políticas, Universidad Central de Venezuela, Caracas 1979, pp. 1403 y 1420; Hildegard Rondón de Sansó, "La separación de los poderes en Venezuela", en *Libro Homenaje a Rafael Caldera: Estudios sobre la Constitución*, Tomo III, Facultad de Ciencias Jurídicas y Políticas, Universidad Central de Venezuela, Caracas 1979, pp. 1369-1403.

República, así como la Dirección Ejecutiva de la Magistratura y los otros órganos de gobierno y administración del Poder Judicial; el Ministerio Público o Fiscalía General de la República, la Contraloría General de la República y la Defensoría del Pueblo; y el Consejo Nacional Electoral, sus Comisiones y Juntas. Estos cinco conjuntos orgánicos se encuentran separados, son autónomos e independientes entre sí, y cada uno de ellos tiene sus competencias constitucionales y legales específicas[12].

La otrora clásica división del poder entre las ramas Legislativa, Ejecutiva y Judicial, sin duda se había roto en el constitucionalismo moderno desde el Siglo XX, de manera que en general, el Poder Público se ejerce, además de por los órganos que componen las tres clásicas ramas, por otra serie de órganos que progresivamente han sido constitucionalizados y dotados de autonomía funcional, y que en el caso de Venezuela, ahora han sido erigidos en ramas formales del Poder Público[13]. Es el caso del Poder Ciudadano,

---

12 Véase, en relación con la Constitución de 1999, Hildegard Rondón De Sansó "Las transformaciones fundamentales en la organización y dinámica del Estado derivadas de la Constitución de 1999", en *Temas de Derecho Administrativo - Libro Homenaje a Gonzalo Pérez Luciani*, Volumen II. Tribunal Supremo de Justicia, Caracas, 2002, pp. 619-643; Jorge C. Kiriakidis Longhi "Notas sobre la estructura orgánica del Estado venezolano en la Constitución de 1999", en *Temas de Derecho Administrativo - Libro Homenaje a Gonzalo Pérez Luciani*, Volumen I. Tribunal Supremo de Justicia, Caracas, 2002, pp. 1031-1082..

13 Conforme lo ha señalado la sentencia N° 3098 de la Sala Constitucional (Caso: *nulidad artículos Ley Orgánica de la Justicia de Paz*) de 13-12-2004, la "redistribución orgánica del Poder Público" que establece la Constitución obedece, "según la Exposición de Motivos de la Constitución de 1999, a la necesidad de otorgar independencia y autonomía funcional a los órganos que están encargados de desarrollar determinadas competencias, especialmente las de ejecución de "*procesos electorales, así como el de la función contra-*

que integra los ya clásicos órganos constitucionales de control (Art. 273), como la Contraloría General de la República (Art. 267); el Ministerio Público: (Art. 284) y la Defensoría del Pueblo (Art. 280); y del Poder Electoral, que ejerce el Consejo Nacional Electoral (Art. 293). En la Constitución de 1999, en todo caso, se eliminó el Consejo de la Judicatura, que también era un órgano constitucional con autonomía funcional, atribuyéndose ahora las funciones de gobierno y administración de la rama judicial al Tribunal Supremo de Justicia (Art. 267).

La separación orgánica de poderes, particularmente en cuanto a las relaciones entre los mismos a los efectos de la conducción política de la sociedad, configura en la constitución un sistema presidencial de gobierno, conforme a la tradición latinoamericana, pero con sujeción parlamentaria[14]

Es de destacar, en todo caso, que la clave de funcionamiento de un sistema de separación orgánica de poderes, es la autonomía e independencia entre los Poderes, características que en la Constitución de 1999 resultan seriamente afectadas, entre otras, por las siguientes regulaciones: el Tribunal Supremo de Justicia tiene competencia para decretar la destitución del Presidente de la República (Art. 233); el Presidente de la República puede disolver la

---

lora y la defensa de los derechos humanos". Véase en Gaceta Oficial N° 38.120 de 02-02-2005.

14 Véase Allan R. Brewer-Carías, La Constitución de 1999. Derecho Constitucional Venezolano, Editorial Jurídica Venezolana, Caracas 2004, Tomo I, pp.437 y ss. No es correcta la calificación que se hace en la Exposición de Motivos de la Constitución sobre el sistema de gobierno venezolano como un "sistema semipresidencial". Véase el texto en la misma obra, Tomo II, p. 1146.

Asamblea Nacional (Arts. 236, ord. 21 y 240), y la Asamblea Nacional puede remover a los Magistrados del Tribunal Supremo (Art. 265), al Contralor General de la República, al Fiscal General de la República, al Defensor del Pueblo (Art. 279) y a los integrantes del Consejo Nacional Electoral (Art. 296). La independencia de los Poderes, con estas regulaciones, no tiene garantía constitucional alguna.

2. *La división de los Poderes Públicos Estadales y Municipales*

Pero el principio de la separación orgánica de poderes en forma horizontal no sólo se ha establecido en el nivel nacional, sino también en los niveles estadales y municipales. En los Estados de la Federación, en efecto, como se ha dicho, se distinguen básicamente dos complejos orgánicos que ejercen respectivamente el Poder Legislativo y el Poder Ejecutivo, conformados por los Consejos Legislativos de los Estados y por sus Gobernadores (Arts. 160 y 162), por lo que la Administración Pública estadal está integrada, en principio, en las Gobernaciones de Estado. En los Estados, además, hay que indicar que la Constitución ha previsto la existencia de unos órganos con autonomía orgánica y funcional (Art. 163), que ejercen el Poder Estadal aún cuando la Constitución no los califique como tal Poder, como son las Contralorías estadales. Esos órganos de control, sin duda, también forman parte de la Administración Pública estadal, aún cuando por supuesto no forman parte de la Administración Pública *Central* de los Estados la cual depende de las Gobernaciones estadales.

Además, en el nivel municipal, la Constitución también ha establecido un sistema de separación orgánica de poderes, distinguiéndose dos complejos orgánicos que ejercen los Poderes Legislativo y Ejecutivo locales, conformados, respectivamente, por los Concejos Municipales, como órganos colegiados que ejercen la función normativa (legislativa) a nivel local; y los Alcaldes, a quienes corresponden las actividades de gobierno y administración municipal (Arts. 174 y 175)[15]. A nivel municipal, por tanto, la Administración Pública *central* como complejo orgánico depende de los Alcaldes. Pero debe indicarse, que también en el nivel de los Municipios, la Constitución establece las Contralorías municipales como órganos de control, vigilancia y fiscalización, las cuales por ello gozan de autonomía funcional (Art. 176). Esos órganos de control también forman parte de la Administración Pública municipal, aún cuando por supuesto, no forman parte de la Administración Pública *Central* de los Municipios la cual depende de las Alcaldías.

En el ámbito municipal, además, se pueden identificar también como parte integrante de la Administración municipal que depende del Alcalde, a los Jueces de Paz, que si bien son de elección popular organizada por el Poder Electoral, se integran en la estructura organizativa administrativa del Municipio[16], aún cuando ejercen la función jurisdiccional[17].

---

15   Conforme lo ha señalado la sentencia N° 3098 de la Sala Constitucional (Caso: *nulidad artículos Ley Orgánica de la Justicia de Paz*) de 13-12-2004, la Constitución de 1999 "precisó el ámbito de competencias tradicionales entre el Poder Legislativo -Concejo Municipal- y el Poder Ejecutivo -Alcalde- en el nivel municipal, y *afianzó considerablemente la diferenciación funcional* que, entre ambos poderes existía en la legislación preconstitucional, concretamente en la Ley Orgánica de Régimen Municipal". Véase en *Gaceta Oficial* N° 38.120 de 02-02-2005.

16   Como lo ha dicho la sentencia N° 3098 de la Sala Constitucional (Caso: *nulidad artículos Ley Orgánica de la Justicia de Paz*) de 13-12-2004, "la administración, prestación y gestión del servicio de justicia de paz -no así del

III. EL PRINCIPIO DEL EJERCICIO INTERORGÁNICO DE LAS FUNCIONES DEL ESTADO

1. *La división del Poder Público y las diversas funciones del Estado*

Hemos analizado anteriormente como principios del derecho público en la Constitución de 1999, tanto el la distribución vertical del Poder Público como el de la separación orgánica de poderes en las diversas ramas territoriales. Por ello, por ejemplo, a nivel nacional, se pueden distinguir los órganos que ejercen el Poder Legislativo (la Asamblea Nacional), de los órganos que ejercen el Poder Ejecutivo (el Presidente de la República y demás órganos de la Administración Pública), de los órganos que ejercen el Poder Judicial (Tribunal Supremo de Justicia y Tribunales), de los órganos que ejercen el Poder Ciudadano (Defensoría del Pueblo, Ministerio Público, Contraloría General de la República), y de los órganos que ejercen el Poder Electoral (Consejo Nacional Electoral).

Ahora bien, conforme a lo establecido en el artículo 136 de la Constitución, "cada una de las ramas del Poder Público tiene sus funciones propias, pero los órganos a los que incumbe su ejercicio colaborarán entre sí en la realización de los fines del Estado"; lo que significa que la asigna-

---

procedimiento de elección de sus jueces- es competencia exclusiva del Municipio, bien a través de la ejecución y administración que corresponda al Alcalde (artículos 174 y 175 de la Constitución)", Véase en *Gaceta Oficial* N° 38.120 de 02-02-2005.

17 Sentencia de la Sala Constitucional de 05-10-de 2000 (caso *Héctor Luis Quintero),* citada en sentencia N° 3098 de la Sala Constitucional (Caso: *nulidad artículos Ley Orgánica de la Justicia de Paz*) de 13-12-2004, en *Gaceta Oficial* N° 38.120 de 02-02-2005.

ción de funciones propias a los órganos que ejercen los Poderes Públicos, no implica que cada uno de los órganos del Estado siempre tenga el ejercicio exclusivo de alguna función estatal específica. Tal como recientemente lo ha reconocido la Sala Constitucional en sentencia Nº 3098 del 13 de diciembre de 2004 (Caso: *Nulidad de artículos de la Ley Orgánica de la Justicia de Paz*):

> No escapa a la Sala que, tal como argumentó en este juicio la representación de la Asamblea Nacional, el principio de separación de poderes que recoge el artículo 136 de nuestro Texto Fundamental, de idéntica manera a como lo establecía el artículo 118 de la Constitución de 1961, no implica, ni mucho menos, una división rígida de órganos y funciones, sino que, como la misma norma predica, "cada una de las ramas del Poder Público tiene sus funciones propias, pero los órganos a los que incumbe su ejercicio colaborarán entre sí en la realización de los fines del Estado".

> Principio de colaboración de los Poderes Públicos que lleva a un control mutuo entre poderes y, en definitiva, admite, hasta cierto punto, un confusión funcional entre ellos, es decir, que cada una de las ramas del Poder Público puede ejercer excepcionalmente competencias que, por su naturaleza, corresponderían, en principio, a las otras y de allí que la Administración Pública cuente con potestades normativas (*Vgr.* la potestad reglamentaria) y jurisdiccionales (*Vgr.* resolución de conflictos entre particulares) y los órganos deliberantes y judiciales cumplan ciertas funciones típicamente administrativas (*Vgr.* la organiza-

ción interna de sus dependencias y la potestad disciplinaria respecto de sus funcionarios, entre otras)[18].

Por tanto, todos los órganos del Estado, en una u otra forma ejercen todas las funciones del Estado, lo que responde al séptimo de los principios fundamentales del derecho público en la Constitución de 1999: el principio del ejercicio inter orgánico de las funciones del Estado, el cual también tiene especial importancia para el derecho administrativo, pues permite identificar a la función administrativa y su ejercicio por los diversos órganos del Estado.

Es decir, tal como la antigua Corte Suprema de Justicia lo había señalado, la división de la potestad estatal (el Poder Público) en ramas y la distribución de su ejercicio entre diversos órganos, no coincide exactamente con la "separación" de las funciones estatales[19]. Por tanto, el hecho de que exista una separación orgánica "de poderes" no implica que cada uno de los órganos que lo ejercen tenga necesariamente el ejercicio exclusivo de ciertas funciones, pues paralelamente a las "funciones propias" de cada órgano del Estado, éstos ejercen funciones que por su naturaleza son similares a las que ejercen otros órganos estatales[20]. En

---

18   Sentencia N° 3098 de la Sala Constitucional (Caso: *nulidad artículos Ley Orgánica de la Justicia de Paz*) de 13-12-2004, en *Gaceta Oficial* N° 38.120 de 02-02-2005

19   *Cfr.*, por ejemplo, sentencia de la antigua Corte Federal (CF) de 19-6-53, en *Gaceta Forense (GF)* N° 1, 1953, p. 77; y sentencias de la antigua Corte Suprema de Justicia (CSJ) en Sala Político Administrativa (SPA) de 18-7-63, en *GF* N° 41, 1963, pp. 116 y 117; de 27-5-68, en *GF* N° 60, 1969, pp. 115 y ss.; y de 9-7-69, en *GF* N° 65, 1969, pp. 70 y ss.

20   *V.*, la sentencia de la antigua CF de 19-6-53, en *GF* N° 1, 1953, p. 77; y la sentencia de la antigua Corte Federal y de Casación (CFC) en Sala Político-Administrativa (SPA) de 18-7-63, en *GF* N° 41, 1963, p. 116.

otras palabras, paralelamente a sus funciones propias, realizan funciones distintas a aquellas que les corresponden por su naturaleza[21].

En la expresión constitucional, por "función" ha de entenderse la acción que desarrollan los órganos estatales o la actividad que desempeñan como tarea que les es inherente, en el sentido que sólo en ejercicio del Poder Público pueden cumplirse. De ahí que la función es toda actividad de la propia esencia y naturaleza de los órganos estatales y, por tanto, indelegable, salvo que exista una autorización constitucional. Entonces, las diversas funciones del Estado son sólo las diversas formas a través de las cuales se manifiesta la actividad estatal[22]; y ellas no están atribuidas en forma exclusiva a los órganos del Estado[23].

---

21 *V.* sentencia de la CSJ en SPA de 18-7-63, en *GF* N° 41, 1963, pp. 116 y 117.

22 *V.* Allan R. Brewer-Carías, *Las Instituciones Fundamentales..., cit.,* p. 105. Véase en general, sobre las funciones del Estado: María E. Soto Hernández y Fabiola del Valle Tavares Duarte "Funciones del Estado en la Constitución de la República Bolivariana de Venezuela de 1999", en *Estudios de Derecho Público - Libro Homenaje a Humberto J. La Roche*, Volumen II. Tribunal Supremo de Justicia, Caracas, 2001, pp. 414-457; Gonzalo Pérez Luciani, "Funciones del Estado y actividades de la Administración", *Revista de Derecho Público*, N° 13, enero-marzo, Editorial Jurídica Venezolana, Caracas, 1983, pp. 21-30.

23 El carácter flexible, no rígido ni absoluto, del principio en su aplicación en Venezuela, ha sido destacado repetidamente por la jurisprudencia de la Corte Suprema. En particular, h. Sentencias de la CFC en SPA de 23-2-50 en *GF* N° 4, 1950, pp. 84 a 39; de la CFC en CP de 26-5-51 en *GF* N° 8, 1952, p. 114; y Sentencias de la CSJ en SPA de 18-7-63 en *GF*, N° 41, 1963, pp. 117-118; de 27-5-68 en *GF* N° 60, 1969, pp. 115 a 118; de 22-4-69 en *GF*, N° 64, 1969, pp. 5 a 15; de 9-7-69, en *GF*, N° 65, 1969, pp. 70 a 74; y de 1-6-72, en *Gaceta Oficial (G.O.)* N° 1.523, extraordinario, de 1-6-72, p. 9. Véase además, Allan-R. Brewer-Carías, "Algunas bases del Derecho Público en la jurisprudencia Venezolana", en *RFD*, N° 27, 1963, pp. 143 y 144. Las

2. Las diversas funciones del Estado

En el mundo contemporáneo estas funciones como tareas inherentes a los órganos del Estado pueden reducirse a las siguientes: función normativa, función política, función administrativa, función jurisdiccional y función de control; a las cuales se pueden reconducir todas las actividades del Estado.

Estas funciones, realizadas en ejercicio del Poder Público por los órganos estatales, sin embargo, como se dijo, no están encomendadas con carácter exclusivo a diferentes órganos, sino que se ejercen por varios de los órganos estatales.

A. La función normativa

En efecto, la función normativa en el Estado contemporáneo es aquella actividad estatal que se manifiesta en la creación, modificación o extinción de normas jurídicas de validez general[24]. La función normativa del Estado, en esta forma, si bien se atribuye como función propia al órgano que ejerce el Poder Legislativo, es decir, a la Asamblea Nacional, se realiza también por otros órganos del Poder Público.

En efecto, ante todo debe destacarse que la potestad de dictar leyes, en el ámbito nacional, corresponde esencialmente a la Asamblea Nacional actuando como cuerpo le-

---

referencias jurisprudenciales pueden también consultarse en Allan R. Brewer-Carías, *Jurisprudencia de la Corte Suprema (1930-1973) y Estudios de Derecho Administrativo,* Tomo I, (El ordenamiento constitucional y funcional del Estado), Caracas, 1975, pp. 147 y ss.

24 *Cfr.,* sentencia de la CSJ en SPA de 18-7-63, en *GF* N° 41, 1963, p. 116.

gislador (Art. 203), siendo estas leyes, por su generalidad e imperatividad, el tipo ideal de actos dictados en ejercicio de la función normativa. Pero en el ordenamiento jurídico venezolano, los otros órganos del Poder Público también ejercen esta función creadora de normas jurídicas, incluso en algunos casos con rango y valor de ley. En efecto, cuando mediante una ley habilitante la Asamblea Nacional delega en el Presidente la posibilidad de dictar actos estatales con rango y valor de ley (Art. 236,8), sin duda ejerce la función normativa; e igualmente, cuando reglamenta las leyes (Art. 236,10). Igualmente, el Tribunal Supremo de Justicia también ejerce la función normativa cuando dicta los reglamentos necesarios a los efectos de asegurar la dirección y gobierno del Poder Judicial (Art. 267)[25]. También ejercen la función normativa, los órganos del Poder Ciudadano cuando dictan los reglamentos establecidos en las leyes reguladoras de su actividad[26], al igual que el Consejo Nacional Electoral, en ejercicio del Poder Electoral, cuando reglamenta las leyes electorales (Art. 293,1)[27].

Por tanto, la función normativa, como actividad privativa e inherente del Estado mediante la cual sus órganos pueden crear, modificar o extinguir con carácter general las normas del ordenamiento jurídico, se ejerce por los cinco

---

25 *V.*, por ejemplo, Art. 6, párrafo 1,10,12, *Gaceta Oficial* N° 37.942 de 19-05-2004. Véase, Laura Louza Scognamiglio "La potestad reglamentaria del Poder Judicial", en *Ensayos de Derecho Administrativo-Libro Homenaje a Nectario Andrade Labarca*, Volumen II. Tribunal Supremo de Justicia, Caracas, 2004, pp. 9-45.

26 Artículos 3; 14,2; y 28 de la Ley Orgánica de la Contraloría General de la República; Artículos 29; 20; 34; 36; 40; 43; 46 y 51 de la Ley Orgánica de la Defensoría del Pueblo.

27 Además, artículos 32 y 29 de la Ley Orgánica del Poder Electoral.

grupos de órganos estatales en ejercicio del Poder Público: por la Asamblea Nacional, actuando como cuerpo legislador y en virtud de sus poderes reguladores de los *interna corporis*, en ejercicio del Poder Legislativo Nacional; por el presidente de la República y otros órganos ejecutivos, en ejercicio del Poder Ejecutivo Nacional[28]; por el Tribunal Supremo de Justicia, en ejercicio del Poder Judicial; por el Consejo Moral Republicano, la Contraloría General de la República, el Ministerio Público, y la Defensoría del pueblo, en ejercicio del Poder Ciudadano; y el Consejo Nacional Electoral, en ejercicio del Poder Electoral.

La función normativa, por tanto, si bien es una "función propia" de la Asamblea Nacional, no es una función privativa y exclusiva de ella, pues los otros órganos estatales también la ejercen. Sin embargo, lo que sí es función privativa y exclusiva de la Asamblea Nacional es el ejercicio de la función normativa en una forma determinada: como cuerpo legislador y mediante la emisión de los actos estatales denominados "leyes". En efecto, sólo la Asamblea Nacional actuando como cuerpo legislador puede dictar leyes; sólo la Asamblea puede dictar sus *interna corporis* (Reglamento Interior y de Debates), y sólo ella puede crear normas jurídicas generales ejerciendo atribuciones establecidas directamente en la Constitución sin condicionamiento

---

28   Véase José Guillermo Andueza, "Las potestades normativas del Presidente de la República", en *Libro Homenaje a Rafael Caldera*, Tomo IV, Universidad Central de Venezuela, Caracas 1979, pp. 2025-2080; Antonio Moles Caubet, "La potestad reglamentaria y sus modalidades" en *Libro Homenaje a Rafael Caldera*, Tomo IV, Universidad Central de Venezuela, Caracas 1979, pp. 2081-2104; Gonzalo Pérez Luciani, "La actividad normativa de la administración", en *Revista de Derecho Público* N° l, Editorial Jurídica Venezolana, Caracas enero-marzo 1980, pp. 19-44; y en *Anuario de la Facultad de Derecho*, N° 8, Universidad de los Andes, Mérida 1977, pp. 83-122.

legal alguno. Los otros órganos estatales que ejercen la función normativa, si bien realizan una función creadora dentro del ordenamiento jurídico, a excepción de los decretos leyes habilitados (dictados por el Presidente de la República una vez que se ha dictado la ley habilitante) lo hacen a través de actos administrativos de efectos generales (como los Reglamentos), y siempre bajo el condicionamiento de las leyes y nunca en ejecución directa e inmediata sólo de una norma constitucional. En otras palabras, las leyes son actos estatales dictados en ejecución directa e inmediata de la Constitución y de rango legal; y los reglamentos y demás actos administrativos de efectos generales son actos de ejecución directa e inmediata de la legislación y de rango sublegal[29]. Sin embargo, los decretos-leyes habi-

---

29 El carácter sublegal de los reglamentos surge, inclusive, en aquellos casos en que el reglamento, en virtud de delegación legislativa, complementa la ley. En esos casos, el Reglamento se dicta en ejecución directa de la ley y no de la Constitución, por lo que nunca podría tener igual rango que la ley. Al contrario, la antigua Corte Suprema de Justicia ha señalado lo siguiente: "La ley de la materia (Ley de Pilotaje) sólo contiene disposiciones que, por su carácter general, pueden aplicarse a todas las zonas de pilotaje actualmente existentes o que se crearen en el futuro, pero la determinación de los límites de éstas, de los requisitos que deben llenarse mientras se navegue por ellas, de los símbolos, luces y señales especiales que deberán usarse en las mismas, en la cuantía del derecho de habilitación y de la forma de distribución de los ingresos provenientes del mismo, así como la regulación de otras materias semejantes, ha sido expresamente confiado, en el articulado de la ley, al Poder Ejecutivo, quien con tal objeto debe dictar tantos reglamentos como sea necesario, teniendo en cuenta las características o peculiaridades de cada zona. Estos reglamentos no tienen por objeto desarrollar disposiciones legales ya existentes, sino complementar la ley que reglamentan con otras previsiones sobre materias expresamente señaladas por el legislador, por lo cual tienen en nuestro ordenamiento jurídico el mismo rango (*sic*) que los actos legislativos. Podría decirse que son decretos-leyes sobre materias cuya regulación reserva el Congreso al Poder Ejecutivo por consideraciones de orden

litados que puede dictar el Presidente de la República, a pesar de requerir de una ley habilitante, en virtud de la delegación legislativa que contiene puede decirse que se dictan también en ejecución directa de la Constitución.

B. *La función política*[30]

Pero aparte de la función normativa, en el Estado contemporáneo ha ido delineándose otra función primordial, distinta de la función administrativa, por medio de la cual el Presidente de la República ejerce sus actividades como jefe del Estado y jefe del Gobierno de la República[31], dirigiendo la acción de gobierno (Arts. 226; 236,2). A través de esta función política, el Presidente de la República puede adoptar decisiones en virtud de atribuciones que le son conferidas directamente por la Constitución, en general sin condicionamiento legal alguno, de orden político, las cuales, por tanto, exceden de la administración normal de los asuntos del Estado. Ello ocurre, por ejemplo, cuando dirige

---

práctico". *V.* sentencia de la CSJ en SPA de 27-1-71, en *G.O.* N° 1.472, extraordinario, de 11-6-71, p. 18.

30   En cuanto a esta función del Estado hemos ajustado la terminología que utilizamos en los setenta, de "función de gobierno", sustituyéndola por "función política" por considerarla más precisa, y reservar la expresión gobierno para identificar los "actos de gobierno". Véase Allan R. Brewer-Carías, *Derecho Administrativo*, Tomo I, Caracas 1975. Véase en general, sobre esta función: María E. Soto Hernández "Formas jurídicas de actuación de la Administración Pública Nacional en el ejercicio de la Función de Gobierno", en *Temas de Derecho Administrativo-Libro Homenaje a Gonzalo Pérez Luciani*, Volumen II. Tribunal Supremo de Justicia, Caracas, 2002, pp. 805-826.

31   Aun cuando en algunos casos podría no haber coincidencia, podría decirse que, en general, el Presidente de la República ejerce sus atribuciones de jefe del Estado en ejercicio de la función política, y de jefe del Ejecutivo Nacional, en ejercicio de la función administrativa.

las relaciones exteriores, convoca a sesiones extraordinarias a la Asamblea Nacional y cuando la disuelve (Arts. 236,4,9,20). También puede considerarse que ejerce la función política, cuando decreta los estados de excepción y restringe garantías constitucionales, incluso, en este caso, a pesar de que la Constitución dispuso que una Ley Orgánica deba regular la materia (Art. 338)[32].

La característica fundamental de esta función política es que está atribuida en la Constitución directamente al Presidente de la República, es decir, al nivel superior de los órganos que ejercen el Poder Ejecutivo, no pudiendo otros órganos ejecutivos ejercerla.

Los órganos que ejercen el Poder Ejecutivo en esta forma, realizan fundamentalmente dos funciones propias: la función política y la función administrativa[33]. La función política, como función del Presidente de la República, se

---

32   Véase la Ley Orgánica sobre Estados de Excepción (Ley N° 32), *G.O.* N° 37.261 de 15-08-2001.

33   La distinción entre "gobierno y administración" es comúnmente empleada por la Constitución. *V.*, por ejemplo, artículos, 21, 27 y 30. En el artículo 191 de la Constitución, en igual sentido habla de "aspectos políticos y administrativos" de la gestión del residente de la República. En tal sentido, al referirse a los órganos del Poder Ejecutivo de los Estados, la Corte ha señalado lo siguiente: "El artículo 21 de la Constitución atribuye al Gobernador del Estado, el gobierno y la administración de la Entidad, como Jefe del Ejecutivo del Estado y Agente del Ejecutivo Nacional o en su respectiva circunscripción. En esta forma, el Poder Ejecutivo Estadal realiza funciones de gobierno, como poder político y funciones que atienden a otra actividad distinta, como poder administrador". *V.* sentencia de la CSJ en SPA de 30-6-66, en *GF* N° 52, 1968, p. 231. *Cfr.*, sobre la distinción entre función administrativa y función política como actividades que se realizan en ejercicio del Poder Ejecutivo , el voto salvado a la sentencia de la CSJ en CP de 29-4-65, Imprenta Nacional, 165, pp. 53 y ss.; y Doctrina PGR, 1963, Caracas, 1964, pp. 179 y 180.

ejerce en ejecución directa de atribuciones constitucionales, en general sin condicionamiento legal alguno. El Legislador, en esta forma, y salvo por lo que se refiere a los estados de excepción dada la autorización constitucional (Art. 338), no puede limitar las facultades políticas del jefe del Estado[34]. La función política, por tanto, se traduce en actos estatales de rango legal, en tanto que la función administrativa se traduce en actos estatales de rango sublegal[35].

Pero si bien la función política se ejerce con el carácter de función propia por el Presidente de la República en ejercicio del Poder Ejecutivo, ello tampoco se realiza con carácter excluyente, ya que la Asamblea Nacional en ejercicio del Poder Legislativo también realiza la función política, sea a través de actos parlamentarios sin forma de ley[36], sea mediante leyes[37]. En estos casos, también, la función política realizada por los órganos del Poder Legislativo es una actividad de rango legal, es decir, de ejecución directa e inmediata de la Constitución. Pero si bien esta función

---

34 El legislador, por ejemplo, no podría limitar las atribuciones del Presidente de convocar a la Asamblea nacional a sesiones extraordinarias.

35 Sobre la distinción entre los actos del Poder Ejecutivo dictados en ejecución directa de la Constitución o en ejecución directa de la ley, *V.* sentencia de la CSJ en SPA de 13-2-68, en *GF* N° 59, 1969, p. 85. En todo caso, una cosa es atribuir a la función política rango legal y otra es atribuirle "naturaleza legislativa". El decreto de restricción de garantías constitucionales, por ejemplo, tiene rango legal, por cuanto puede "restringir" temporalmente la vigencia de una ley, lo que implica que la modifique ni la derogue. Si la derogara, el acto tendría "naturaleza legislativa". Sobre esta confusión, *V. Doctrina PGR,* 1971, Caracas 1972, p. 189.

36 Por ejemplo, cuando autoriza al Presidente de la República para salir del territorio nacional. Art. 187,17 de la Constitución; o cuando reserva al Estado determinadas industrias o servicios, Art. 302.

37 La ley que decreta una amnistía, por ejemplo. Art. 186,5 de la Constitución.

puede ser realizada tanto por el Presidente de la República como por los órganos legislativos, por lo que no es exclusiva o excluyente, sin embargo, lo que sí es exclusiva de uno u otros órganos es la forma de su ejecución en los casos autorizados por la Constitución: la función política mediante decretos ejecutivos (actos de gobierno), se realiza en forma exclusiva por el Presidente de la República; y mediante leyes o actos parlamentarios sin forma de ley, por la Asamblea nacional.

C. La función jurisdiccional

Además de la función normativa y de la función política, los órganos estatales realizan la función jurisdiccional, es decir, conocen, deciden o resuelven controversias entre dos o más pretensiones, es decir, controversias en las cuales una parte esgrime pretensiones frente a otra. El ejercicio de la función jurisdiccional se ha atribuido como función propia al Tribunal Supremo de Justicia y a los tribunales de la República, pero aquí también ello no implica una atribución exclusiva y excluyente, sino que, al contrario, otros órganos estatales pueden ejercer la función jurisdiccional.

En efecto, los órganos que ejercen el Poder Ejecutivo[38], realizan funciones jurisdiccionales cuando las autoridades administrativas deciden controversias entre partes, dentro de los límites de su competencia[39], y la Asamblea Nacional

---

38   *V. Cfr.*, sentencias de la CSJ en SPA de 18-7-63, en *GF* N° 41, 1963, pp. 116 y 117; de 27-5-68, en *GF* N° 60, 1969, pp. 115 y 118; y de 9-7-69, en *GF* N° 65, 1969, pp. 70 y ss.

39   Cuando la Administración decide, por ejemplo, la oposición a una solicitud de registro de marca de fábrica, conforme a la Ley de Propiedad Industrial, *G.O.* N° 25.227 de 10-12-1956; o cuando decide la oposición a una solicitud

también participa en la función jurisdiccional, cuando por ejemplo, autoriza el enjuiciamiento del Presidente de la República (Art. 266,2). Por tanto, la función jurisdiccional como actividad privativa e inherente del Estado mediante la cual sus órganos deciden controversias y declaran el derecho aplicable en un caso concreto, se ejerce por diversos órganos estatales en ejercicio del Poder Público: por el Tribunal Supremo de Justicia y los Tribunales de la República, en ejercicio del Poder Judicial; y por los órganos administrativos en ejercicio del Poder Ejecutivo Nacional.

La función jurisdiccional, por tanto, si bien es una "función propia" de los órganos judiciales, no es una función privativa y exclusiva de ellos, pues otros órganos estatales también la ejercen. Es decir, el "ejercicio de la jurisdicción [no está] supeditada a la jurisdicción ejercida por el poder judicial"[40]. Sin embargo, lo que sí es una función privativa

---

de otorgamiento de una concesión de explotación forestal, conforme a la Ley Forestal, de Suelos y Aguas (Art. 6), en *G.O.* N° 997, Extr., de 8-1-66.

40   Es el caso de la función jurisdiccional ejercida por los jueces de paz, que no están integrados en el Poder Judicial, sino en la administración municipal. La sala Constitucional, por ello ha señalado que "No puede considerarse que esta forma (la alternativa) de ejercicio de la jurisdicción, esté supeditada a la jurisdicción ejercida por el poder judicial, por lo que a pesar de su naturaleza jurisdiccional, estos Tribunales actúan fuera del poder judicial, sin que ello signifique que este último poder no pueda conocer de las apelaciones de sus fallos, cuando ello sea posible, o de los amparos contra sus sentencias… tanto es parte de la actividad jurisdiccional, pero no por ello pertenece al poder judicial, que representa otra cara de la jurisdicción, la cual atiende a una organización piramidal en cuya cúspide se encuentra el Tribunal Supremo de Justicia, y donde impera un régimen disciplinario y organizativo del cual carece, por ahora, la justicia alternativa". Véase sentencia de 05-10-2000 (caso *Héctor Luis Quintero),* citada en sentencia N° 3098 de la Sala Constitucional (Caso: *nulidad artículos Ley Orgánica de la Justicia de Paz*) de 13-12-2004, en *Gaceta Oficial* N° 38.120 de 02-02-2005.

y exclusiva de los tribunales es el ejercicio de la función jurisdiccional a través de un proceso (Art. 257) en una forma
determinada: con fuerza de verdad legal, mediante actos
denominados sentencias. Sólo los tribunales pueden resolver controversias y declarar el derecho en un caso concreto,
con fuerza de verdad legal, por lo que sólo los órganos del
Poder judicial pueden desarrollar la "función judicial"
(función jurisdiccional ejercida por los tribunales). Los demás órganos del Estado que realizan funciones jurisdiccionales lo hacen a través de actos administrativos condicionados por la legislación.

D.   *La función de control*

Además de la función normativa, de la función política y
de la función jurisdiccional, los órganos del Estado también ejercen la función de control, cuando vigilan, supervisan y velan por la regularidad del ejercicio de otras actividades estatales o de las actividades de los administrados y
particulares.

El ejercicio de la función de control se ha atribuido como
función propia a los órganos que ejercen el Poder Ciudadano, pero en este caso, ello tampoco implica una atribución exclusiva y excluyente, sino que al contrario, los otros
órganos estatales pueden ejercer la función jurisdiccional[41].

---

41   Sobre la actividad electoral, como típica función administrativa, o más pre-
     cisamente como "función de control", se pronunció la Sala Constitucional en
     su sentencia N° 3098 (Caso: *nulidad artículos Ley Orgánica de la Justicia
     de Paz*) de 13-12-2004, al señalar: "Así, la actividad de contenido electoral
     es una manifestación del ejercicio de la función administrativa, en concreto,
     de la actividad administrativa de policía (*lato sensu*) o de control y supervi-
     sión, a través de la cual se despliegan distintas actuaciones que se formalizan
     mediante procedimientos administrativos, y que están dirigidas a la garantía

En efecto, la Asamblea Nacional, en ejercicio del Poder Legislativo ejerce la función de control sobre el gobierno y la Administración Pública Nacional y los funcionaros ejecutivos (Art. 187,3; 222)[42]; el Presidente de la República como Jefe del Ejecutivo Nacional ejerce las funciones de control jerárquico en relación con los órganos de la Administración Pública (Art. 226) y los órganos que ejercen el Poder Ejecutivo controlan las actividades de los particulares, de acuerdo a la regulación legal de las mismas; el Consejo Nacional Electoral, en ejercicio del Poder Electoral, ejerce el control de las actividades de los órganos subordinados (Art. 293) , de las elecciones y de las organizaciones con fines políticos (Art. 293); y el Tribunal Supremo de Justicia ejerce las función de control de constitucionalidad y legalidad de los actos del Estado (Art. 259; 336).

Por tanto, la función de control como actividad privativa e inherente del Estado mediante la cual sus órganos supervisan, vigilan y controlan las actividades de otros órganos del Estado o de los administrados, se ejerce por diversos órganos estatales en ejercicio del Poder Público: por la Contraloría General de la República, el Ministerio Público o la Defensoría del Pueblo, en ejercicio del Poder Ciudada-

---

y control del efectivo y correcto ejercicio de los derechos políticos que individual o colectivamente, reconoce la Constitución, así como el respeto a los derechos políticos de los demás. Puesto que se trata de una competencia administrativa, su ejercicio no debería corresponder, en principio y tal como alegó la parte actora, al Concejo Municipal, al menos a raíz de la vigencia de la Constitución de 1999, la cual delimitó formalmente las ramas ejecutiva y legislativa en el nivel municipal, a cada una de las cuales dotó de funciones públicas concretas". Véase en *Gaceta Oficial* N° 38.120 de 02-02-2005.

42   Véase Allan R. Brewer-Carías, "Aspectos del control político sobre la administración pública", *Revista de Control Fiscal*, N° 101 (abril-junio), XXII (1981), Contraloría General de la República, Caracas, pp. 107-130.

no; por la Asamblea Nacional, en ejercicio del Poder legislativo; por el Tribunal Supremo de Justicia y los Tribunales de la República, en ejercicio del Poder Judicial; y por los órganos administrativos en ejercicio del Poder Ejecutivo Nacional y del Poder Electoral. La función de control, por tanto, si bien es una "función propia" de los órganos que ejercen el Poder Ciudadano, no es una función privativa y exclusiva de ellos, pues todos los otros órganos estatales también la ejercen.

E.   *La función administrativa*

Pero aparte de la función creadora de normas jurídicas de efectos generales (función normativa), de la función de conducción y ordenación política del Estado (función de conducción del gobierno), de la función de resolución de controversias entre partes declarando el derecho aplicable en casos concretos (función jurisdiccional), y de la función de vigilancia o fiscalización de actividades estatales y de los particulares (función de control), el Estado ejerce la función administrativa, a través de la cual entra en relación con los particulares, como sujeto de derecho, gestor del interés público[43]. De allí la distinción entre la función de cre-

---

43   *Cfr.*, Allan R. Brewer-Carías, *Las Instituciones Fundamentales...*, *cit.*, p. 115. Si el Estado legisla, tal como lo señala Santi Romano, "no entra en relaciones de las cuales él, como legislador, sea parte: las relaciones que la ley establece o de cualquier modo contempla se desenvuelven después entre sujetos diversos del Estado o bien con el mismo Estado, pero no en su aspecto de legislador sino en otros aspectos mediante órganos diversos de los del Poder Legislativo". *V.*, "Prime Pagine di un Manuale di Diritto Amministrativo", en *Scritti Minori*, Milano 1950, p. 363, *cit.*, por J M. Boquera Oliver, *Derecho Administrativo*, Vol. I, Madrid, 1972, p 59. "Cuando el Estado juzga -señala J. González Pérez-, no es parte interesada en una relación jurídica; no es sujeto de derecho que trata de realizar sus peculiares intereses con

ar el derecho (normativa), de aplicar el derecho imparcial-
mente (jurisdiccional), y de actuar en relaciones jurídicas
como sujeto de derecho, al gestionar el interés público
(administrativa)[44].

En las dos primeras, el Estado, al crear el derecho o al
aplicarlo, es un tercero en las relaciones jurídicas que sur-
jan; en la última, en cambio, el Estado es parte de la relación jurídica que se establece entre la Administración y los
particulares[45], como sujeto de derecho gestor del interés
público. De allí que la personalidad jurídica del Estado, se
concretice en el orden interno, básicamente cuando sus
órganos ejercen la función administrativa.

Ahora bien, al igual que lo que sucede con la función
normativa, política, jurisdiccional y de control, la función
administrativa tampoco está atribuida con carácter de exclusividad a alguno de los órganos del Poder Público. Por
ello, si bien la función administrativa puede considerarse
como función propia de los órganos ejecutivos y electora-

---

arreglo al Derecho... cuando el Estado juzga satisface las pretensiones que
una parte esgrime frente a otra; incide como tercero en una relación jurídica,
decidiendo la pretensión ante él deducida con arreglo al ordenamiento jurídico". *V. Derecho Procesal Administrativo*, Madrid, 1966, Tomo II, p. 37.

44   En este sentido, antigua la Corte Suprema ha señalado al referirse a la función administrativa, que en ella el Estado "no realiza una función creadora
dentro del ordenamiento jurídico, que es la función legislativa, ni conoce ni
decide acerca de las pretensiones que una parte esgrime frente a otra, que es
la función judicial; sino que es sujeto de derecho, titular de intereses, agente
propio de la función administrativa...". *V.* sentencias de la CSJ en SPA de
18-7-63, en *GF* N° 41, 1963, pp. 116 y ss.; de 27-5-68, en *GF* N° 60, 1969,
pp. 115 y ss.; de 9-7-69 en *GF* N° 65, 1969, pp. 70 y ss. En estas sentencias,
sin embargo, como veremos, la Corte confunde la función estatal con el acto
estatal.

45   *Cfr.*, sentencia de la CSJ en SPA de 13-3-67, en *GF* N° 55, 1968, p. 107.

les, concretizada básicamente a través de actos administrativos, ello no significa que la ejerzan con carácter exclusivo
y excluyente. Al contrario, todos los otros órganos del Estado también ejercen la función administrativa: la Asamblea Nacional, al autorizar diversos actos de los órganos
ejecutivos o al dictar actos relativos a su personal o servicios administrativos, realizan la función administrativa[46], y
los órganos que ejercen el Poder Judicial o el Poder Ciudadano realizan la función administrativa, al dictar actos
concernientes a la administración del personal o de los servicios de los órganos, o al imponer sanciones[47]. En esta
forma, la función administrativa, como actividad privativa
e inherente del Estado mediante la cual sus órganos, en
ejercicio del Poder Público, entran en relaciones jurídicas
con los administrados, se puede realizar por los órganos
administrativos, en ejercicio del Poder Ejecutivo Nacional y
del Poder Electoral; por la Asamblea Nacional, en ejercicio
del Poder Legislativo; y por los tribunales de la República,
en ejercicio del Poder Judicial. La función administrativa,
por tanto, si bien es una "función propia" de los órganos
ejecutivos y electorales, no es una función privativa y exclusiva de ellos, pues los otros órganos estatales también la
ejercen dentro del ámbito de sus respectivas competencias
constitucionales y legales. El acto administrativo, como
concreción típica pero no única del ejercicio de la función
administrativa, puede emanar de todos los órganos estata-

---

46   *Cfr.*, de la CSJ en SPA de 18-7-63, en *GF* N° 41, 1963, pp. 116 y 117; y de
27-5-68, en *GF* N° 60, 1969, p. 115.

47   *Idem. V.* además, Allan R. Brewer-Carías, "Consideraciones sobre la impugnación de los Actos de Registro en la vía contencioso-administrativa" en libro *Homenaje a Joaquín Sánchez Coviza*, Caracas, 1975.

les en ejercicio del Poder Público, teniendo en todo taso carácter sublegal.

3. *Las "funciones propias"*

De lo anterior resulta que la Constitución no sólo distribuye el Poder Público en "ramas", sino que asigna a cada una de ellas y a sus órganos, conformados de acuerdo a la división del Poder en cada nivel, algunas de las funciones antes indicadas como funciones propias.

En cuanto a la rama nacional del Poder Público, es decir, el Poder Público Nacional (Art. 136), la Constitución atribuye su ejercicio a cinco órganos o grupos de órganos separados, distintos e independientes, teniendo cada uno de ellos sus funciones propias: la Asamblea Nacional ejerce el Poder Legislativo Nacional (Art. 186) y se le atribuye como función propia, la función normativa ("legislar en las materias de la competencia nacional" (Art. 187,1) y la función de control (Art. 222); el Presidente de la República y demás funcionarios determinados en la Constitución y la ley, ejercen el Poder Ejecutivo Nacional (Art. 225) y se le atribuyen como funciones propias, la función política (Arts. 226, 233,2), la función administrativa, la función de control y la función normativa (Art. 236); el Tribunal Supremo de Justicia y demás tribunales que determina la Constitución y la Ley, ejercen el Poder Judicial, y se le atribuye como funciones propias la función jurisdiccional (Art. 253), la función de control (Arts. 259; 336) y la función administrativa (gobierno y administración del Poder Judicial) (Art. 267); el Consejo Moral Republicano, la Defensoría del Pueblo, el Ministerio Público y la Contraloría General de la República, ejercen el Poder Ciudadano (Art. 273) a los que se le atribuyen como funciones propias, la función de control (vigilancia, inspección, fiscalización) sobre actividades de la Administración Pública, de los órganos judiciales y de los administrados (Art. 274, 281, 285, 289) y la función administrativa; y el Consejo Nacional Electoral y sus órganos subordinaos ejercen el Poder Electoral (Art. 292) y se le atribuye como función propia la función administrativa, la función de control y la función normativa (Art. 292).

Sin embargo, el hecho de que cada uno de esos órganos nacionales tenga funciones propias no significa que las ejerza con carácter de exclusividad, pues no sólo *en su* ejercicio algunas veces intervienen otros órganos, sino que su ejercicio se atribuye también a otros órganos.

En cuanto a la rama estadal del Poder Público, es decir, el Poder Público Estadal, la Constitución atribuye su ejercicio a tres órganos o grupos de órganos separados, distintos e independientes, teniendo cada uno de ellos sus funciones propias: Los Consejos Legislativos Estadales que ejercen el Poder Legislativo de los Estados y se le atribuye como función propia, la función normativa (Art. 162,1); los Gobernadores ejercen el Poder Ejecutivo de los Estados, y se le atribuye, como funciones propias, las funciones política y administrativa (Art. 160); y las Contralorías Estadales, a las cuales se asigna como función propia, la función de control (Art. 163).

Por lo que se refiere a la rama municipal del Poder Público, es decir, el Poder Público Municipal, la Constitución también atribuye su ejercicio a tres órganos separados e independientes, teniendo cada uno de ellos sus funciones propias: los Concejos Municipales que ejercen el Poder Legislativo municipal y se le atribuye como función propia, la función normativa ("función legislativa", dice el artículo

175) del Municipio; los Alcaldes que ejercen el Poder Ejecutivo municipal, y se les atribuye, como funciones propias, las funciones política y administrativa del Municipio (Art. 174); y las Contralorías municipales, a las cuales se asigna como función propia, la función de control (Art. 176). La Constitución, adicionalmente asigna a los Municipios, la función jurisdiccional, pero exclusivamente mediante la justicia de paz (Art. 178,8) conforme a la ley nacional (Art. 258).

El concepto de funciones del Estado, por tanto, es distinto al de poderes del Estado. El Poder Público, sus ramas o distribuciones, constituye en sí mismo una situación jurídica constitucional individualizada, propia y exclusiva de los órganos del Estado, mediante cuyo ejercicio éstos realizan las funciones que le son propias. Las funciones del Estado, por su parte, constituyen las actividades propias e inherentes al Estado[48]. La noción de Poder es entonces previa a la de función: ésta se manifiesta como una actividad estatal específica realizada en ejercicio del Poder Público (de una de sus ramas o distribuciones), por lo que no puede existir una función estatal sino cuando se realiza en ejercicio del Poder Público, es decir, de la potestad genérica de obrar que tiene constitucionalmente el Estado. Poder y función son, por tanto, distintos elementos en la actividad del Estado: el Poder Público como situación jurídico-constitucional, tiene su fuente en la propia Constitución y existe la posibilidad de ejercerlo desde el momento en que está establecido en ella; la función estatal, en cambio, presupone siempre el ejercicio del Poder Público por un órgano del Estado,

---

48   *Cfr.*, Allan R. Brewer-Carías, *Las Instituciones Fundamentales del Derecho Administrativo y la jurisprudencia Venezolana*, Caracas, 1964, pp. 105 y ss.

y sólo cuando hay ejercicio concreto del Poder Público es que se realiza una función estatal.

4.   *La ausencia de coincidencia de la separación orgánica de "poderes" (división del Poder Público) y la asignación de funciones estatales*

De lo anteriormente expuesto resulta, por tanto, que a nivel de cada una de las cinco ramas del Poder Público nacional (o de las dos ramas de los poderes públicos estadales y municipales), si bien existe una diferenciación orgánica con la asignación de funciones propias a cada uno de los órganos, el ejercicio de las mismas por dichos órganos, en general no es exclusiva ni excluyente. En otras palabras, existen órganos legislativos nacionales, estadales y municipales[49]; órganos ejecutivos nacionales, estadales y municipales; órganos de control nacionales, estadales y municipales; y órganos judiciales y electorales exclusivamente nacionales; pero las funciones normativas, política, administrativas, jurisdiccionales y de control del Estado no coinciden exactamente con aquella división o separación orgánica:

De allí que como principio general de la aplicación del principio de la separación de poderes en el régimen constitucional venezolano, puede afirmarse que la "división del Poder" no coincide exactamente con la "separación de funciones".[50] Por ello, no sólo en múltiples oportunidades los

---

49   *V.*, por ejemplo, Sentencia de la CSJ en SPA de 14-3-62 en *GF*, N° 35, 1962, pp. 177 y ss.

50   En tal sentido, expresamente se pronunció la antigua Corte Suprema en varias oportunidades. *V.*, por ejemplo, la Sentencia de la CF de 19-6-53 en *GF* N° 1, 1953, p. 77; Sentencia de la CSJ en SPA de 18-7-63 en *GF* N° 41 1963

órganos del Estado, además de sus "funciones propias" ejercen funciones que por su naturaleza deberían corresponder a otros órganos, sino que también en múltiples oportunidades la Constitución permite y admite la intervención o interferencia de unos órganos en las funciones propias de otros. Estos dos aspectos de la situación de la separación de poderes en Venezuela, requieren, indudablemente, un tratamiento separado.

En *primer lugar*, la flexibilidad .del principio de la separación de poderes resulta, tal como lo ha señalado la antigua Corte Suprema de que, "si bien cada uno de ellos tiene definida su propia esfera de acción: el Legislativo, para dictar la ley, reformarla y revocarla; el Ejecutivo, para ejecutarla y velar por su cumplimiento; y el Judicial, para interpretarla, y darle aplicación en los conflictos surgidos, la demarcación de la línea divisoria entre ellos no es excluyente, ya que en muchos casos esos poderes ejercen funciones de naturaleza distinta de las que privativamente le están atribuidas"[51]. El principio, ciertamente, impide a

---

pp: 116 y 117; Sentencia de la CSJ en SPA de 27-5-63 en *GF*, N° 60, 1969, pp. 115 y ss.; y Sentencia de la CSJ en SPA de 9-7-69 en *GF* N° 65, 1969, pp. 70 y ss. No tiene sentido, por tanto, el intento que se ha hecho en la Ley Orgánica del Poder Municipal de 2005 por identificar determinadas "funciones" con los órganos municipales: la "función ejecutiva", desarrollada por el alcalde a quien corresponde el gobierno y la administración; la "función deliberante" que corresponde al Concejo, integrado por Concejales; la "función de control fiscal" que corresponde a la Contraloría Municipal; y la "función de planificación", que es ejercida en corresponsabilidad con el Consejo Local de Planificación Pública (Art. 45). Aparte de que en esta enumeración no siempre se trata de "funciones" del Estado, la coincidencia legal es imposible.

51   *V.* Sentencia de la CF de 19-6-53 en *GF*, N° 1, 1953, p. 77. En otra sentencia, al referirse a las funciones estatales, la Corte las diferenció así: "No realiza una función creadora dentro del ordenamiento jurídico, que es la función

unos órganos invadir las competencias propias de otro,[52] pero no les impide ejercer funciones de naturaleza similar a las de otros órganos.

La antigua Corte Suprema, en este sentido, inclusive fue aún más clara y terminante al señalar que:

Lejos de ser absoluto el principio de la separación de los poderes, la doctrina reconoce y señala el carácter complementario de los diversos organismos a través de los cuales el Estado ejerce sus funciones; de suerte que unos y otros, según las atribuciones que respectivamente les señalan las leyes, realizan eventualmente actos de índole distinta a las que por su naturaleza les incumbe". "La doctrina establece que la división de poderes no coincide plenamente con la separación de funciones, pues corrientemente se asignan al Poder Legislativo potestades típicamente administrativas y aun jurisdiccionales y al Poder judicial funciones administrativas, como en el caso del nombramiento de jueces que hace este mismo tribunal y de la firma de libros de comercio o de registro civil que hacen los jueces de instancia; y a la inversa, se atribuyen al Poder Ejecutivo, funciones legislativas como la reglamentación, parcial o total de las leyes, sin alterar su espíritu, propósito o razón, que es con-

---

legislativa, ni conoce ni decide acerca de las pretensiones que una parte esgrime frente a la otra, que es la función judicial; sino que es sujeto de derecho, titular de intereses, agente propio de la *función administrativa*". *V.* Sentencia de 18-7-63 de la CSJ en SPA en *GF*, N° 41, 1963, p. 116.

52   *Cfr.* Sentencia de la CFC en CP de 26-5-51 en *GF*, N° 8, 1952, p. 114 y Sentencia de la CSJ en CP de 12-6-68 en publicación del Senado de la República, 1968, p. 201.

siderada como el ejemplo más típico de la actividad legislativa del Poder Ejecutivo, por mandato del numeral 10 del artículo 190 de la Constitución Nacional; toda vez que el Reglamento es norma jurídica de carácter general dictado par la Administración Pública para su aplicación a todos los sujetos de derecho y en todos los casos que caigan dentro de sus supuestos de hecho. En otros casos la autoridad administrativa imparte justicia, decide una controversia entre partes litigantes en forma similar a como lo hace la autoridad judicial.[53]

De acuerdo con esta doctrina, que compartimos, entonces, la separación de poderes ha de entenderse en el sistema venezolano, en *primer lugar*, como una separación orgánica entre los órganos de cada rama del Poder Público; y en *segundo lugar*, como una asignación de funciones propias a cada uno de dichos órganos; pero nunca como una separación de funciones atribuidas con carácter exclusivo a los diversos órganos. Al contrario, además de sus funciones propias, los órganos del Estado realizan funciones que por su naturaleza son semejantes a las funciones asignadas a otros órganos. En otras palabras, mediante este principio se reserva a ciertos órganos el ejercer una función en una forma determinada (funciones propias), lo que no excluye la posibilidad de que otros órganos ejerzan esa función en otra forma.

---

53 Esta doctrina fue establecida en Sentencia de la CSJ en SPA de 18-7-63 en *GF* N° 41, 1963, pp. 116 y 117, y ratificados por la misma Corte y Sala en Sentencias de 27-5-68 en *GF* N° 60, 1969, pp. 115 a 118, y de 9-7-69 en *GF* N° 65, 1969, pp. 70 a 74. Puede verse también en Allan R. Brewer-Carías, Algunas Bases del Derecho Público.... *loc. cit.*, p. 144.

IV. EL PRINCIPIO DEL CARÁCTER INTERFUNCIONAL DE LOS ACTOS ESTATALES

1. La distinción entre las funciones y actos estatales

De lo anteriormente dicho sobre el principio del carácter inter orgánico del ejercicio de las funciones estatales, resulta como se ha dicho, que la separación orgánica de poderes no coincide con la distribución de funciones.

Pero, en el ordenamiento jurídico venezolano, tampoco el ejercicio de una función del Estado por determinado órgano del mismo, conduce necesariamente a la emisión de determinados órganos estatales, es decir, tampoco hay coincidencia entre las funciones del Estado y los actos jurídicos que emanan de la voluntad estatal[54]. Ello conlleva al octavo de los principios fundamentales del derecho público venezolano conforme a la Constitución de 1999, que es el del carácter interfuncional de los actos estatales, de particular importancia para el derecho administrativo, en vir-

---

54   La distinción entre funciones del Estado que la doctrina ha realizado, muchas veces se confunde al querer identificar un tipo de acto jurídico estatal con la función ejercida por el Estado. *V.* Agustín Gordillo, *Introducción al Derecho Administrativo*, Buenos Aires, 1966, pp. 91 y ss. Nosotros mismos hemos incurrido en esta confusión: *V.* Allan R. Brewer-Carías, *Las Instituciones Fundamentales del Derecho Administrativo y la jurisprudencia Venezolana*, Caracas, 1964, pp. 108 y ss. En igual confusión incurre la jurisprudencia reciente de la Corte Suprema. *V.* sentencias de la CSJ en SPA de 18-7-63, en *GF* N° 41, 1963, pp. 116 y ss.; de 27-5-68, en *GF* N° 60, 1969, pp. 115 y ss.; y de 9-7-69, en *GF* N° 65, 1969, pp. 70 y ss. Asimismo, en Venezuela, a pesar de su atento de "distinguir" actividad de función, Gonzalo Pérez Luciani incurre en igual confusión al afirmar que "la actividad que tomada globalmente sea relevante jurídicamente se puede decir que es una *función*", en "Actos administrativos que en Venezuela escapan al Recurso Contencioso-Administrativo", *RFD*, UCAB, Caracas, 1967-1968 N° 6, p. 196.

tud de que precisamente los actos administrativos se dictan en ejercicio de varias funciones estatales.

En efecto, de lo expuesto anteriormente resulta que la función normativa la ejerce el Estado a través de sus órganos legislativos (Asamblea Nacional), de sus órganos ejecutivos (Presidente de la República), de sus órganos judiciales (Tribunales), de sus órganos de control (Consejo Moral Republicano, Defensoría del Pueblo, Ministerio Público, Contraloría General de la República) y de sus órganos electorales (Consejo Nacional Electoral).

En cuanto a la función política, la ejerce el Estado a través de sus órganos legislativos (Asamblea nacional y de sus órganos ejecutivos (Presidente de la República).

La función jurisdiccional la ejerce el Estado a través de sus órganos judiciales (Tribunal Supremo de Justicia), de sus órganos ejecutivos (Administración Pública) y de sus órganos electorales (Consejo Nacional Electoral).

La función de control la ejerce el Estado a través de sus órganos legislativos (Asamblea Nacional), de sus órganos ejecutivos (Administración Pública), de sus órganos judiciales (Tribunales), de sus órganos de control (Consejo Moral Republicano, Defensoría del pueblo, Ministerio Público, Contraloría General de la República) y de sus órganos electorales (Consejo Nacional Electoral).

Y la función administrativa la ejerce el Estado a través de sus órganos ejecutivos (Administración Pública), de sus órganos electorales (Consejo Nacional Electoral), de sus órganos legislativos (Asamblea Nacional), de sus órganos judiciales (Tribunal Supremo de Justicia) y de sus órganos de control (Consejo Moral Republicano, Defensoría del pueblo, Ministerio Público, Contraloría General de la República).

En consecuencia, de lo anterior no puede concluirse señalando que todo acto dictado en ejercicio de la función normativa, sea un acto legislativo; que todo acto dictado en ejercicio de la función política, sea un acto de gobierno; que todo acto dictado en ejercicio de la función jurisdiccional, sea un acto judicial; que todo acto dictado en ejercicio de la función de control sea un acto administrativo o que todo acto dictado en ejercicio de la función administrativa, sea también un acto administrativo.

Al contrario, así como los diversos órganos del Estado realizan diversas funciones, los actos dictados en ejercicio de las mismas no son siempre los mismos ni tienen por qué serlo.

2. *Los diversos actos estatales*

En efecto, tal como hemos señalado, la Asamblea Nacional en ejercicio del Poder Legislativo puede ejercer funciones normativas, políticas, jurisdiccionales, de control y administrativas, pero los actos que emanan de la misma al ejercer dichas funciones no son necesariamente ni uniformes ni correlativos.

Cuando la Asamblea Nacional ejerce la función normativa, es decir, crea normas jurídicas de carácter general actuando como cuerpo legislador, dicta *leyes* (Art. 203), pero cuando lo hace en otra forma distinta, por ejemplo, al dictar sus reglamentos internos, ello lo hace a través de *actos parlamentarios sin forma de ley* (Art. 187,19). Ambos son actos legislativos, pero de distinto valor normativo.

Cuando la Asamblea Nacional ejerce la función política, es decir, intervienen en la formulación de las políticas nacionales, lo hacen a través de *leyes* (Art. 303) o a través de *actos parlamentarios sin forma de ley* (Art. 187,10).

En el caso de la participación en el ejercicio de la función jurisdiccional, al autorizar el enjuiciamiento del Presidente de la República, la Asamblea Nacional concretiza su acción a través de un *acto parlamentario sin forma de ley* (266,2).

Cuando la Asamblea Nacional ejerce sus funciones de control del gobierno y la Administración Pública también dicta *actos parlamentarios sin forma de ley* (Art. 187,3).

Por último, en cuanto al ejercicio de la función administrativa por la Asamblea Nacional, ella puede concretizarse en *leyes* (187,9)[55], en *actos parlamentarios sin forma de ley* (Art. 187,12) o en *actos administrativos* (Art. 187,22).

Por su parte, cuando los órganos que ejercen el Poder Ejecutivo, particularmente el Presidente de la República, realizan la función normativa, ésta se concretiza en *decretos-leyes* y *reglamentos (actos administrativos de efectos generales)* (Art. 236,10; 266,5).

En el caso de los *decretos-leyes*)[56], estos pueden ser *decretos leyes* delegados dictados en virtud de una habilitación

---

55   En el pasado, por ejemplo, eran las leyes aprobatorias de contratos estatales conforme al artículo 126 de la Constitución de 1961.

56   Véase en general, sobre los decretos leyes, Antonio Moles Caubet, *Dogmática de los Decretos-Leyes, Lección inaugural Curso 1974*, Universidad Central de Venezuela, Facultad de Derecho, Centro de Estudios para Graduados Caracas 1974; Eloisa Avellaneda Sisto, "Los Decretos Leyes", *Revista de Control Fiscal*, Nº 105, abril-junio, XXIII (1982), Contraloría General de la República, Caracas 1982, pp. 55-116; Eloísa Avellaneda Sisto, "Los decretos del Presidente de la República", *Revista de la Facultad de Derecho de la*

legislativa (Art. 203; 236,8), *decretos leyes* de organización ministerial (Art. 236,20)[57] y *decretos leyes* de estados de excepción (Art. 236,7). En todos estos casos de decretos leyes, si bien todos son objeto de regulaciones legislativas que los condicionan (leyes habilitantes o leyes orgánicas) autorizadas en la Constitución; los mismos tienen rango y valor de ley.

Pero el Presidente de la República también realiza la función política, al dictar *actos de gobierno*, que son actos dictados en ejecución directa e inmediata de la Constitución (Art. 236,2,4,5,6,19,21). En particular, en este caso, dichos actos de gobierno se caracterizan frente a los actos administrativos por dos elementos combinados: en *primer lugar*, porque el acto de gobierno sólo puede ser realizado por el Presidente de la República, como jefe del Estado, "en cuya condición dirige la acción de Gobierno" (Art. 226); y

---

Universidad Católica Andrés Bello, N° 48 (diciembre), Caracas, 1993, pp. 345-387; Eloísa Avellaneda Sisto "El régimen de los Decretos-Leyes, con especial referencia a la Constitución de 1999", en *Estudios de Derecho Administrativo – Libro Homenaje a la Universidad Central de Venezuela*, Volumen I. Tribunal Supremo de Justicia, Caracas, 2001, pp. 69-105; José Peña Solís "Análisis crítico de la doctrina de la Sala Constitucional del Tribunal Supremo de Justicia sobre las leyes orgánicas y los decretos leyes orgánicos", en *Ensayos de Derecho Administrativo - Libro Homenaje a Nectario Andrade Labarca*, Volumen II. Tribunal Supremo de Justicia, Caracas, 2004, pp. 375-414.

57   Véase sobre estos decretos, Daniel Leza Betz, "La organización y funcionamiento de la administración pública nacional y las nuevas competencias normativas del Presidente de la República previstas en la Constitución de 1999: al traste con la reserva legal formal ordinaria en el Derecho Constitucional venezolano", *Revista de Derecho Público*, N° 82 (abril-junio), Editorial Jurídica Venezolana, Caracas, 2000, pp. 19-55; Gerardo Rupérez Caníbal, "La flexibilización de la reserva legal organizativa en el ámbito de la administración pública nacional", *Revista de Derecho*, N° 8, Tribunal Supremo de Justicia, Caracas 2003, pp. 435-452.

en *segundo lugar*, porque se trata de actos dictados en ejecución de atribuciones establecidas directamente en la Constitución, sin posibilidad de condicionamiento legislativo, y que, por tanto, tienen el mismo rango que las leyes[58].

En todo caso, para distinguir el acto legislativo del acto de gobierno y del acto administrativo no sólo debe utilizarse el criterio orgánico, sino también el criterio formal: el acto de gobierno, aun cuando realizado en ejecución directa de la Constitución, está reservado al Presidente de la República, en tanto que el acto legislativo, realizado también en ejecución directa de la Constitución[59], en principio está reservado a la Asamblea Nacional; aún cuando esta pueda delegar la potestad normativa con rango de ley en el Presidente de la República mediante una ley habilitante (Art. 203), en cuyo caso el acto dictado por el Presidente mediante decretos leyes habilitados (Art. 236,8) es un acto legislativo, aún cuando delegado. En esta forma, el criterio orgánico distingue el acto de gobierno del acto legislativo, y ambos se distinguen del acto administrativo mediante el

---

58 Véase Juan D. Alfonso Paradisi, "Los actos de gobierno", *Revista de Derecho Público*, N° 52, octubre-diciembre, Editorial Jurídica Venezolana, Caracas 1992, pp. 5-23; Pablo Marín Adrián, "Actos de gobierno y la sentencia de la Corte Suprema de Justicia del 11 de marzo de 1993", *Revista de Derecho Público*, N° 65-66 (enero-junio), Editorial Jurídica Venezolana, Caracas, 1996, pp. 497-519

59 La Asamblea Nacional realiza su actividad legislativa en cumplimiento de atribuciones directamente establecidas en la Constitución (Art. 187,1; 203). En el solo caso de las leyes especiales que han de someterse a las leyes orgánicas preexistentes (Art. 203) podría decirse que hay condicionamiento legislativo de la propia actividad legislativa. En igual sentido, los decretos-leyes dictados por el Presidente de la República en ejercicio de la función normativa, están condicionados por la ley habilitante o de delegación (Art. 236,8).

criterio formal: tanto el acto de gobierno como el acto legislativo (el dictado por la Asamblea Nacional como el dictado por delegación por el Presidente de la República) se realizan en ejecución directa de competencias constitucionales, en tanto que el acto administrativo siempre es de rango sublegal, es decir, sometido a la ley y realizado en ejecución de la ley, y por tanto, en ejecución mediata e indirecta de la Constitución.

Es decir, los actos de gobierno se distinguen de los actos administrativos dictados por los órganos ejecutivos, en que estos se realizan a todos los niveles de la Administración Pública y siempre tienen rango sublegal, es decir, se dictan por los órganos ejecutivos en ejecución de atribuciones directamente establecidas en la legislación, y sólo en ejecución indirecta y mediata de la Constitución[60]. Este es el criterio formal, derivado de la teoría merkeliana de construcción escalonada del orden jurídico[61], para la identificación de la Administración, la cual ha sido acogida en la Constitución al reservarse al control que ejerce Jurisdicción Constitucional a los actos estatales dictados en ejecución directa e inmediata de la Constitución (Art. 336,2), con lo que los actos dictados en ejecución directa e inmediata de la legislación y mediata e indirecta de la Constitución (actos administrativos) caen entonces bajo el control de la Jurisdic-

---

60　En este sentido es que podría decirse que la actividad administrativa se reduce a ejecución de la ley.

61　Adolf Merkl, *Teoría General del Derecho Administrativo,* Madrid, 1935, p. 13. *Cfr.,* Hans Kelsen, *Teoría General del Estado,* México, 1957, p. 510, y *Teoría Pura del Derecho,* Buenos Aires, 1974, pp. 135 y ss. *V.* algunas de las referencias en Allan R. Brewer-Carías, *Las Instituciones Fundamentales del Derecho Administrativo y la jurisprudencia Venezolana,* Caracas, 1964, pp. 24 y ss.

ción contencioso administrativa (Art. 259) y de la Jurisdicción contencioso electoral (Art. 297).

Pero además, en los casos de ejercicio de la función jurisdiccional, de la función de control y de la función administrativa, los órganos ejecutivos dictan, por ejemplo, *actos
administrativos* (Art. 259; 266,5).

En cuanto a los órganos que ejercen el Poder judicial,
cuando por ejemplo el Tribunal Supremo de Justicia ejerce
la función normativa, dicta reglamentos (actos administrativos de efectos generales),[62] cuando ejerce la función administrativa y la función de control sobre el Poder Judicial
(Art. 267), dictan *actos administrativos*; y cuando ejerce la
función jurisdiccional, dictan *actos judiciales* (*sentencias*)
(Art. 266, 336); y los primeros están sometidos al control de
los órganos de la Jurisdicción Contencioso-Administrativa.
Como lo ha dicho la Sala Constitucional del Tribunal Supremo de Justicia en sentencia Nº 1268 de 6 de julio de 2004
(Caso: *Yolanda Mercedes Martínez del Moral vs. Comisión Judicial de la Sala Plena del Tribunal Supremo de Justicia*), respecto de un acto administrativo dictado por un órgano del
propio Tribunal Supremo en ejercicio de funciones de administración y gobierno del Poder Judicial:

> En consecuencia, por cuanto no se trata, el que fue
> impugnado, de un acto del Poder Público que hubiere
> sido dictado en ejecución directa de la Constitución,
> sino en ejercicio de función administrativa y, por en-
> de, de rango sublegal, no es la jurisdicción constitu-
> cional que ejerce esta Sala la que tiene competencia

---

62   Los reglamentos establecidos en la Ley Orgánica del Tribunal Supremo de
      Justicia, Art. 6, Párrafo 1,10,12.

para su control. Por el contrario, y de conformidad con el artículo 259 de la Constitución, corresponde a la jurisdicción contencioso-administrativa el conocimiento de la demanda de nulidad que en su contra se formuló y así se decide[63].

El acto judicial, por su parte, también se distingue del acto de gobierno y de la acto legislativo con base en los dos criterios señalados: desde el punto de vista orgánico, porque el acto judicial está reservado a los Tribunales de la República, en tanto que el acto legislativo está reservado a la Asamblea Nacional, la cual puede delegarlo en el Presidente de la República (leyes habilitantes) y el acto de gobierno está reservada al Presidente de la República[64]; y desde el punto de vista formal, porque al igual que el acto administrativo, el acto judicial es de rango sublegal, es decir, sometido a la ley y realizado en ejecución de la ley.

Por último, en cuanto a la distinción entre el acto administrativo y el acto judicial, si bien no puede utilizarse el criterio formal de su graduación en el ordenamiento jurídico ya que ambos son dictados en ejecución directa e inmediata de la legislación y en ejecución indirecta y mediata de la Constitución, sí se distinguen con base al criterio orgáni-

---

63 Véase en *Revista de Derecho Público*, N° 99-100, Editorial Jurídica Venezolana, Caracas 2004.

64 Puede decirse, entonces, que la separación orgánica de poderes tiene plena concordancia con la división orgánica de las actividades de gobierno (reservada al Presidente de la República), legislativas (reservadas a la Asamblea Nacional, la cual puede delegarla en el ejecutivo Nacional) y judiciales (reservada a los Tribunales). Por supuesto, la coincidencia de actividades específicas con órganos estatales determinados concluye allí, pues la actividad administrativa, al contrario, no está reservada a ningún órgano estatal específico, sino que se realiza por todos ellos.

co y a otro criterio formal. Desde el punto de vista orgánico, el acto judicial está reservado a los tribunales, con carácter de exclusividad, ya que sólo éstos pueden dictar sentencias; y desde el punto de vista formal, la declaración de lo que es derecho en un caso concreto que realizan los órganos judiciales, se hace mediante un acto que tiene fuerza de verdad legal, que sólo las sentencias poseen.

Por su parte, cuando los órganos que ejercen el Poder Ciudadano realizan la función de control (Art. 274; 281; 289), la función normativa y la función administrativa, la misma se concreta en *actos administrativos de efectos generales* (*reglamentos*) *o de efectos particulares* (Art. 259; 266,5).

Igualmente, cuando los órganos que ejercen el Poder Electoral realizan la función normativa (Art. 293,1), dictan *actos administrativos de efectos generales* (*reglamentos*) (Art. 293,1); y cuando realizan la función administrativa (Art. 293,3) y de control (Art. 293,9), la misma se concreta en *actos administrativos* (Art. 259; 266,5).

En esta forma, el ejercicio de la función normativa se puede manifestar, variablemente, a través de leyes, actos parlamentarios sin forma de ley, decretos-leyes y reglamentos (actos administrativos de efectos generales); el ejercicio de la función política, a través de actos de gobierno, leyes y actos parlamentarios sin forma de ley; el ejercicio de la función jurisdiccional, a través de actos parlamentarios sin forma de ley, actos administrativos y sentencias; el ejercicio de la función de control, a través de leyes, actos parlamentarios sin forma de ley, actos administrativos y sentencias; y el ejercicio de la función administrativa, a través de leyes, actos parlamentarios sin forma de ley y actos administrativos.

En sentido inverso, puede decirse que las leyes sólo emanan de la Asamblea Nacional actuando no sólo en ejercicio de la función normativa, sino de la función política, de la función de control y de la función administrativa; que los actos de gobierno emanan del Presidente de la República, actuando en ejercicio de la función política; que los decretos-leyes emanan también del Presidente en ejercicio de la función normativa; que los actos parlamentarios sin forma de ley sólo emanan de la Asamblea Nacional, actuando en ejercicio de las funciones normativas, política, de control y administrativa; y que los actos judiciales (sentencias) sólo emanan de los tribunales, actuando en ejercicio de la función jurisdiccional. En todos estos casos, el tipo de acto se dicta exclusivamente por un órgano estatal, pero en ejercicio de variadas funciones estatales. Lo privativo y exclusivo de los órganos estatales en esos casos, no es el ejercicio de una determinada función, sino la posibilidad de dictar determinados actos: las leyes y los actos parlamentarios sin forma de ley por la Asamblea Nacional; los actos de gobierno por el Presidente de la República; y los actos judiciales (sentencias) por los tribunales.

En cuanto a los actos administrativos, éstos pueden emanar de la Asamblea Nacional, actuando en función administrativa y en función de control; de los tribunales, actuando en función normativa, en función de control y en función administrativa; de los órganos que ejercen el Poder Ejecutivo (Administración Pública Central) cuando actúan en función normativa, en función jurisdiccional, en función de control y en función administrativa; de los órganos que ejercen el Poder Ciudadano actuando en función normativa, en función de control y en función administrativa; y de los órganos que ejercen el Poder Electoral actuando también en función normativa, en función de control y en función administrativa.

Los actos administrativos en esta forma, y contrariamente a lo que sucede con las leyes, con los actos parlamentarios sin forma de ley, con los decretos-leyes, con los actos de gobierno y con las sentencias judiciales, no están reservados a determinados órganos del Estado, sino que pueden ser dictados por todos ellos y no sólo en ejercicio de la función administrativa, sino de todas las otras funciones del Estado.

V. EL PRINCIPIO DEL CARÁCTER INTERORGÁNICO DE LA ADMINISTRACIÓN PÚBLICA

El noveno de los principios fundamentales del derecho público conforme a la Constitución de 1999 es el del carácter inter orgánico de la Administración Pública, en el sentido de que la Administración Pública, como complejo orgánico, no sólo está conformada por órganos que ejercen el Poder Ejecutivo, sino por órganos que ejercen los demás Poderes del Estado. Hay ciertamente una Administración Pública que se configura organizativamente hablando en el "Ejecutivo Nacional" (Administración Pública Central), pero la misma no agota dicho complejo orgánico en el Estado venezolano. Este principio, por supuesto, también tiene particular importancia para el derecho administrativo pues se refiere, precisamente, a su objeto

El Estado venezolano, en efecto y como se ha dicho, está constitucionalmente configurado como un Estado Federal (artículo 2 de la Constitución), en el cual se distinguen tres niveles de organización política: el nivel nacional, que corresponde a la República; el nivel estadal, que corresponde a los Estados miembros de la Federación; y el nivel municipal, que corresponde a los Municipios.

En cada uno de estos tres niveles políticos existe una "Administración Pública central" (nacional, estadal y municipal) que ejerce el Poder Ejecutivo, siendo ésta el instrumento por excelencia de la acción política del Estado. Como instrumento, está compuesto por un conjunto de órganos e instituciones que le sirven para el desarrollo de sus funciones y el logro de los fines que tiene constitucionalmente prescritos.

Pero como se ha dicho anteriormente, no toda "Administración Pública" del Estado es "Administración Pública central", en el sentido de que no sólo los órganos que ejercen el Poder Ejecutivo en los tres niveles político-territoriales o los que gozan de autonomía fundamental en virtud de disposiciones constitucionales, monopolizan, orgánicamente, a la Administración Pública del Estado.

Las diversas ramas de los Poderes del Estado en sus diversos niveles tienen su propia Administración Pública, lo que nos conduce a insistir en el sentido de la separación de poderes como sistema de distribución horizontal del Poder Público, en los tres niveles de distribución vertical del propio Poder Público.

1. *La Administración del Estado y la separación orgánica de poderes*

Si algún valor tiene el principio de la separación de poderes, como se ha visto, es el de la "separación orgánica" de poderes, en el sentido de que constitucionalmente, en cada uno de los tres niveles de organización política del Estado (nacional, estadal y municipal), hay una separación

formal de órganos, que ejercen las diversas ramas del Poder Público. Así, en el nivel nacional (Poder Nacional), hay
una separación clara entre cinco grupo de órganos de la
República: los órganos legislativos (Asamblea Nacional),
los órganos ejecutivos (Presidente de la República, Ministerios, etc.), los órganos judiciales (Tribunal Supremo de Justicia, Tribunales), los órganos de control (Fiscalía General
de la República, Contraloría General de la República, Defensoría del Pueblo), y los órganos electorales (Consejo Nacional Electoral); y cada uno de estos órganos tiene su propia Administración Pública: la Administración de las
Cámaras Legislativas; la Administración de la justicia (Dirección Ejecutiva de la Magistratura); la Administración
Pública de los órganos de control, la Administración Electoral, y la Administración Pública central que en principio
corresponde a los órganos que ejercen el Poder Ejecutivo.
De todos estos órganos, puede decirse que el ámbito propio de la organización administrativa nacional está en los
órganos ejecutivos, en esa "Administración Pública Nacional" (central o descentralizada) cuyos órganos ejercen el
Poder Ejecutivo Nacional, en cuyo vértice está el Presidente de la República.

Por su parte, en el nivel estadal (Poder Estadal), hay una
clara y precisa separación entre tres grupos de órganos en
cada Estado: los órganos legislativos (Consejos Legislativos), los órganos ejecutivos (Gobernadores y sus dependencias administrativas), y los órganos de control (Contraloría estadal); y cada uno de estos órganos tiene su propia
administración: la Administración de las Asambleas Legislativas, la "Administración Pública central" que en principio corresponde a los órganos que ejercen el Poder Ejecutivo, y la Administración contralora. Así, también puede de-

cirse que el ámbito propio de la organización administrativa estadal está en los órganos ejecutivos, en esa "Administración Pública Estadal" (central o descentralizada) cuyos órganos ejercen el Poder Ejecutivo de los Estados, en cuyo vértice están los Gobernadores.

Por último, en el nivel municipal (Poder Municipal), también hay una clara y neta separación legal entre tres grupos de órganos en cada Municipio: los órganos legislativos (Concejos Municipales), los órganos ejecutivos (Alcaldes y sus dependencias administrativas), y los órganos de control (Contralorías municipales); y cada uno de esos órganos tiene su propia administración: la Administración de los Concejos Municipales como órganos colegiados, la "Administración Pública central" que en principio corresponde a los órganos que ejercen el Poder Ejecutivo municipal y la Administración contralora. Así, también puede decirse que el ámbito propio de la organización administrativa municipal está en los órganos ejecutivos, en esa "Administración Pública Municipal" (central o descentralizada) cuyos órganos ejercen el Poder Ejecutivo Municipal, en cuyo vértice están los Alcaldes.

Pero la organización administrativa del Estado no se agota, por ejemplo a nivel nacional, en el ámbito de la "Administración Pública Nacional central" que ejerce el Poder Ejecutivo, pues existen órganos administrativos que derivan de la separación orgánica de poderes que ha establecido la Constitución de 1999, regularizando así la existencia de órganos del Estado con autonomía funcional que en la Constitución de 1961 existían (Consejo de la Judicatura, Contraloría general de la República, Fiscalía General de la República) y que no encuadraban en la clásica trilo-gía de poderes: legislativos, ejecutivos y judiciales, ni den-tro de los órganos que ejercían el Poder Legislativo, ni dentro de los órganos que ejercían el Poder Ejecutivo, ni dentro de los órganos que ejercían el Poder Judicial, y que sin embargo, formaban parte de la organización administrativa de la Administración del Estado, y en general, de lo que siempre se ha conocido como Administración Pública Nacional.

2. *El régimen de la Administración Pública en la Constitución de 1999*

La situación anterior es la que ha sido precisamente regularizada constitucionalmente con las previsiones de la Constitución de 1999, en la cual con motivo de establecer una penta división del Poder Público a nivel nacional, además de regular los órganos que ejercen el Poder Legislativo (Asamblea Nacional), el Poder Ejecutivo (Presidente de la República, Vicepresidente Ejecutivo, Ministros) y del Poder Judicial (Tribunal Supremo de Justicia, Dirección Ejecutiva de la Magistratura -que sustituyó al Consejo de la Judicatura-, Tribunales), ha regulado a los órganos que ejercen el Poder Ciudadano (Fiscalía General de la República, Contraloría General de la República, Defensoría del Pueblo) y el Poder Electoral (Consejo Nacional Electoral). Precisamente, en ejercicio de las respectivas ramas del Poder Público, además de los órganos de la Administración Pública central que ejercen el Poder Ejecutivo, también configuran la Administración Pública del Estado, los órganos de la Asamblea Nacional que ejercen funciones administrativas en ejercicio del Poder Legislativo, la Dirección Ejecutiva de la Magistratura que ejerce el Poder Judicial, los órganos que ejercen el Poder Ciudadano y los órganos que ejercen el Poder Electoral.

A tal efecto, la Constitución de 1999 contiene un extenso Título IV relativo al "Poder Público", cuyas normas se aplican a todos los órganos que ejercen el Poder Público tal como lo indica el artículo 136: en su distribución vertical o territorial (Poder Municipal, Poder Estadal y Poder Nacional); y, en el nivel Nacional, en su distribución horizontal (Legislativo, Ejecutivo, Judicial, Ciudadano y Electoral)[65].

En tal sentido, en el Capítulo I (Disposiciones fundamentales) de dicho Título IV relativo al Poder Público, se regulan todos los principios fundamentales sobre la "Administración Pública" relativos a la organización administrativa (Artículos 236, ordinal 20) y a la administración descentralizada funcionalmente (Artículos 142, 300); a de la actuación administrativa (Art. 141); a la función pública (Artículos 145 a 149) y su responsabilidad, (Art. 139); a los bienes públicos (Artículos 12, 181 y 304); a la información administrativa (Art. 143), a la contratación administrativa (Arts. 150 y 151), a la responsabilidad patrimonial del Estado (Art. 140); y al régimen de control de la gestión administrativa, tanto popular (Art. 62), como político (Art. 66), fiscal (Art. 287) y de gestión (Art. 315). De allí que a los efectos de dichas regulaciones constitucionales, lo primero que debe determinarse es cuáles son los órganos estatales que ejercen el Poder Público y que pueden considerarse como tal "Administración Pública".

Ante todo, por supuesto, están los órganos de los diversos niveles del Poder Público (Nacional, Estadal y Municipal) que ejercen el Poder Ejecutivo. En consecuencia, las

---

65 Véase nuestra propuesta sobre este título en Allan R. Brewer-Carías, *Debate Constituyente (Aportes a la Asamblea Nacional Constituyente), Tomo II, (9 Sept.-17 Oct. 1999)*, Caracas 1999, pp. 159 y ss.

normas que contiene la sección se aplican a todas las "Administraciones Públicas" *ejecutivas* de la República (administración pública nacional), de los Estados (administración pública estadal), de los Municipios (administración pública municipal) y de las otras entidades políticas territoriales que establece el artículo 16 de la Constitución, entre las cuales se destacan los Distritos Metropolitanos cuyos órganos ejercen el Poder Municipal.

Pero la Administración Pública del Estado venezolano en los tres niveles territoriales de distribución vertical del Poder Público, no se agota en los órganos y entes de la Administración Pública *ejecutiva* (que ejercen el Poder Ejecutivo), pues también comprende los otros órganos de los Poderes Públicos que desarrollan las funciones del Estado de carácter sublegal. En tal sentido, en el nivel nacional, los órganos que ejercen el Poder Ciudadano (Fiscalía General de la República, Contraloría General de la República y Defensoría del Pueblo) y el Poder Electoral (Consejo Nacional Electoral), sin la menor duda, son órganos que integran la Administración Pública del Estado, organizados con autonomía funcional respecto de los órganos que ejercen otros poderes del Estado. En cuanto a los órganos que ejercen el Poder Judicial, los que conforman la Dirección Ejecutiva de la Magistratura mediante la cual el Tribunal Supremo de Justicia ejerce la dirección, gobierno y administración del Poder Judicial, también son parte de la Administración Pública del Estado.

En consecuencia, en los términos de la sección segunda del Título IV de la Constitución, la Administración Pública del Estado no sólo está conformada por órganos que ejercen el Poder Ejecutivo, sino por los órganos que ejercen el Poder Ciudadano y el Poder Electoral, y por la Dirección

Ejecutiva de la Magistratura que en ejercicio del Poder Judicial tiene a su cargo la dirección, el gobierno y la administración del Poder Judicial[66].

En efecto, como se ha dicho, a nivel nacional, a partir de la Constitución de 1961, ya habían comenzado a encontrar encuadramiento constitucional diversos órganos estatales que se configuraban también como parte de la Administración Pública como complejo orgánico, pero que no dependían del Ejecutivo Nacional ni estaban subordinados a ninguno de los tres conjuntos orgánicos clásicos del Estado (Legislativo, Ejecutivo, Judicial). Se trataba de órganos constitucionales con autonomía funcional, que también eran órganos de la República como persona político-territorial nacional, y que eran: el Ministerio Público, también denominado Fiscalía General de la República; la Contraloría General de la República; el Consejo de la Judicatura; y el Consejo Supremo Electoral. Por supuesto, estos eran órganos que forman parte de la Administración Pública nacional regulados por el derecho administrativo, aun cuando no formaban parte del Ejecutivo Nacional ni de la Administración Pública central, ni tuvieran personalidad jurídica propia.

Esta tendencia fue la que se consolidó en la Constitución de 1999, al establecerse la ya mencionada penta división del Poder Público, agregándose a los Poderes Legislativo, Ejecutivo y Judicial, el Poder Ciudadano y el Poder Electoral (Art. 136). Por ello, puede decirse que también conforman e integran la Administración Pública a nivel nacional, los órganos que ejercen el Poder Ciudadano, es decir, la

---

66   Véase en general, Allan R. Brewer-Carías, *Principios del Régimen Jurídico de la Organización Administrativa Venezolana*, Caracas 1994, pp. 11 y 53.

Fiscalía General de la República o Ministerio Público, la Contraloría General de la República, y la Defensoría del Pueblo; así como los órganos que ejercen el Poder Electoral, como el Consejo Nacional Electoral; e igualmente, también puede considerarse que son órganos de la Administración Pública Nacional, la Dirección Ejecutiva de la Magistratura del Tribunal Supremo de Justicia. Todos esos órganos conforman la Administración Pública Nacional, aún cuando por supuesto, no la Administración Pública *Central* cuyos órganos son los que ejercen el Poder Ejecutivo Nacional.

Para desarrollar los principios constitucionales relativos a la Administración Pública, en todo caso, se ha dictado la Ley Orgánica de la Administración Pública[67] (LOAP), cuyas disposiciones son básicamente "aplicables a la Administración Pública Nacional" (Art. 2). La Ley, sin embargo, no define qué ha de entenderse por ello; pero de su normativa se deduce que abarca la Administración Pública que conforman los órganos que ejercen el Poder Ejecutivo Nacional y aquéllos que conforman la Administración Pública Nacional descentralizada sometida al control de aquél, con forma de derecho público.

En cuanto a la Administración Pública que conforman los demás órganos del Poder Público Nacional, es decir, los que a nivel nacional ejercen el Poder Judicial, el Poder Ciudadano y el Poder Electoral, las disposiciones de la Ley Orgánica sólo se les aplican "supletoriamente" (Art. 2). En

---

67 *Gaceta Oficial* N° 37.305 de 17-10-2001. Esta Ley Orgánica sólo derogó expresamente la Ley Orgánica de la Administración Central, cuya última reforma había sido la hecha mediante Decreto-Ley N° 369 de 14-9-99, en *Gaceta Oficial* N° 36.850 de 14-12-99.

cuanto a los órganos que ejercen el Poder Legislativo, respecto de las funciones administrativas que realicen, conforme al artículo 2 de la Ley Orgánica, también se les podrán aplicar sus disposiciones supletoriamente.

En relación con los órganos de los Poderes Públicos que derivan de la distribución territorial del Poder Público, conforme al artículo 2 de la LOAP "los principios y normas (de la Ley Orgánica) que se refieran en general a la Administración Pública, o expresamente a los Estados, Distritos Metropolitanos y Municipios, serán de obligatoria observancia por éstos, quienes desarrollarán los mismos dentro del ámbito de sus respectivas competencias".